U0833559

探路

中国首部记载镇街社会管理创新图书

谭仕龙 崔旭明 王基国／策划

禹规娥 杨世华 张翼鹏◎著

南方日报出版社
NANFANG DAILY PRESS

中国·广州

图书在版编目（CIP）数据

探路 / 禹规娥，杨世华，张翼鹏编著. -- 广州 :南方日报出版社，2011.12
ISBN 978-7-5491-0338-6

Ⅰ. ①探… Ⅱ. ①禹… ②杨… ③张… Ⅲ. ①街道办事处－行政管理－政治体制改革－研究－佛山市 Ⅳ. ①D625.653

中国版本图书馆 CIP 数据核字(2011)第 262389 号

探路 禹规娥 杨世华 张翼鹏 编著

出版发行：南方日报出版社
地　　址：广州市广州大道中 289 号
电　　话：（020）83000502
经　　销：全国新华书店
印　　刷：广州市怡升印刷有限公司
开　　本：787mm×1092mm　1/16
印　　张：16.25　彩插：0.5
字　　数：260 千字
版　　次：2011 年 12 月第 1 版
印　　次：2012 年 4 月第 2 次印刷
定　　价：32.00 元

投稿热线：（020）83000503　读者热线：（020）83000502

网址：http://nf.nfdaily.cn/press/

发现印装质量问题，影响阅读，请与承印厂联系调换

容桂城景

德胜河畔

华灯初夜

中国科学院广州技术转移中心顺德基地

广东国科创业投资有限公司创立大会
暨首届董事会第一次会议

德胜创意园动漫表演

开展“你好，我是社工”社工宣传周启动仪式。

容桂成立家暴防护中心照片

容桂举行社会组织参与幼儿园非牟利模式运行暨试点启动仪式，这是街道深化“简政强镇”事权改革的标志性举措。

容桂商会通过举办篮球赛，筹集扶贫助学基金。

顺德乃至珠三角首个校务咨询和监督委员会在容桂街道成立

丰富多彩的社区活动

表彰"新荣桂人"

容桂星愿自闭症康复中心是一间民办特殊儿童教育中心，图为老师和家长在指导学生绘画。

序

中国改革的容桂样本

□ 郑永年

很多年里，容桂就是改革明星。如今，这颗明星更加璀璨夺目。这本中国首部记载镇街社会管理创新的书籍就是明证。

我从邓小平南方讲话之后开始就密切关注珠江三角洲地区产业发展。最近几年对顺德的一系列改革产生了浓厚兴趣。这两年，我多次到顺德调研，在容桂街道，我看到他们正在推进社会管理体制改革。在很大程度上说，我是第一次见到基层政府用这么大的力度培育社会力量参与社会管理。

容桂的很多做法让人耳目一新，《探路》对此作了详细介绍。我觉得这对即将推进社会管理体制改革的地区而言，具有很强的启示意义。

和一些地方上级驱动的改革不一样，容桂改革的驱动力更多的来自民间，走的是一条“藏富于民”的道路。容桂是中国罕见的工业大镇，这块仅80平方公里的弹丸之地，竟拥有5000多家企业，年产值超亿元的企业近90家，一年的工业产值逾1000亿元，2010年创造的GDP近400亿元。大量财富藏于民间，社会力量变得强大，形成一股源源不竭的动力推着政府去改革。改革让民间获利后，来自民间的力量就会再次推着政府改革，这是一条良性的改革道路，是可深入和可持续的道路。从这个角度看，顺德1992年的经济体制改革与今天的社会管理体制改革一脉相承，前者释放出的民间活力，必然召唤更有效的社会管理体制。改革，也由此内化为容桂的基因。

搞简政强镇改革、设决策咨询委员会、培育NGO……容桂的一系列做法，很有可能把社会管理带到最理想的格局——强政府、强社会。

在学术界，几十年来，人们对国家和社会、政府和人民之间的关系一直有很多争论。两者之间的关系基本上可以归纳为四种情况：一、强政府、弱社会；二、强社会、弱政府；三、弱政府、弱社会；四、强政府、强社会。很显然，最差的情况是弱政府和弱社会，而第四种情形即强政府、强社会是最理想的。国家和社会、政府和人民不是一场零和游戏，可以是双赢游戏。中国需要的是一个具有自我组织化能力的社会。没有社会，政权就没有基础。如果社会是脆弱的，政府必然是脆弱的。

那么，如何实现“强政府、强社会”的目标？经验地看，这样一个社会必须是以下三种秩序的共存：

第一个也是最重要层面的社会秩序是社会的自我管理。社会如果没有自我管理的能力，什么都必须依赖政府。政府什么都管的话，必然超出政府的能力，管理也必然无效。要社会形成自我管理，必须赋予社会足够的空间。这就要求政府必须放权给社会。政府必须把那些社会可以自我管理的领域开放给社会本身。此外，政府也应当把那些自己管理不好的领域让渡给社会。不过，应当强调的，社会的自我管理并不是社会的放任自由，政府要对涉及到公共利益的社会领域进行规制。

第二个层面是政府和社会的伙伴关系。在一些政府必须参与管理的领域，也不见得政府要亲自管理，而是可以委托给社会组织来进行管理。就是说，政府和社会可以是伙伴关系。委托给社会管理可以减少管理的成本，使得管理更加可以持续。

第三个层面才是政府管理的社会秩序。尽管近现代国家最大的特征就是垄断暴力，使用暴力机器来维持社会秩序，但从大多数先进国家的经验看，政府在社会管理方面的作用主要体现在制度建设上，包括法制、社会制度(社会保障、医疗、教育、住房)等。使用暴力是维持社会秩序的最后一种也是不得不的方式，政府应当把重点放在制度建设上。制度就是社会个体和群体活动的舞台。

容桂所做的一切，恰恰是要让这三种秩序共存。比如容桂大力培育商会、慈善会、村居福利会、文体协会等社会组织，在培育这些组织时，政府还拿出物业供其免费使用，这就为社会的自我管理创造了条件。政府对社会事务不再大包大揽，而是用“购买服务”的形式向市场和中介组织购买服务，让社会力量在各领域充分发挥作用，这就实现了政府和社会的伙伴关系。如此一来，容桂政府也有条件从琐碎的事务中解放出来，把重点用于制度建设，吸纳社会精英组成决策咨询委员会更是一个了不起的创举。

当今中国的区域竞争愈发激烈，各地群雄并起。如果说改革开放之初的容桂在镇域经济中是一枝独秀、一马当先，那么今天则是百花齐放、并驾齐驱。容桂如何在区域竞争中再度脱颖而出，独领风骚？全方位的社会管理体制改革将是惟一的选择，它将进一步释放巨大的社会生产力，为继续做大蛋糕打下制度基础。容桂应对这一局面有清醒的认识，不论遇到多大困难，也不可以走回头路。一旦强政府、强社会的格局真正形成，容桂不但能在新一轮的区域竞争中胜出，也将成为中国镇域社会管理体制改革的样本。

作者系新加坡国立大学东亚研究所所长

2011年12月

目　录

第一章

经济强镇的困惑

官方文件中的容桂叫街道办。私底下，顺德人还是习惯地叫它“容桂镇”。这不是一个普普通通的“容桂镇”——诞生于新千年之始，如今工业产值过千亿。

或许你早已熟悉顺德，但对容桂这个名字还有点陌生，但你肯定知道科龙，知道格兰仕，知道万和……这些早已扬名海内外的名企名牌就生长在容桂。

自然地理意义上的容桂，其实是一个岛，面积80平方公里。我们知道，珠江三角洲河网密布，水道交织，其间分布着一个个岛。容桂是其中的一个。

在顺德版图上，容桂地处南端，与广州、中山相接。一条河川流而过，将容桂与顺德主城区隔开。这条河叫德胜河，系西江支脉。在最新的规划中，容桂已纳入到顺德的中心城区。

容桂无疑是经济发达的代名词。它的经济规模甚至超过内地很多城市，是走向富裕的榜样。当初合并时，媒体报道这是中国工业产值最高的镇。《南方日报》称其为“华夏第一镇”。

如果不是走进容桂，如果不是坐下来和容桂人攀谈一番，你肯定想象不到，外人看来已经发达富裕的容桂，却纠缠在很多困惑与迷茫之中。

容桂，在困惑什么呢？

第一节
城市，还是乡村

“为什么到现在还没有人把容桂称为城市？”

2010年，在珠三角镇域经济发展论坛上，时任顺德区委常委、容桂街道党工委书记列海坚一开场就掷出的问题，停在了半空中。这是一个盘桓在容桂人心头太久的问题，也是论坛内外的经济学家、城市学者头脑中尚无答案的问题。

对容桂人而言，这是一个“我是谁”的问题。若不经过一番清醒而冷静的自我审视，容桂经济社会的长足发展就失去了前提。

对于研究珠三角区域发展、研究中国沿海经济成长模式的学者而言，回答这个问题则意味着要厘清中国正在演进的经济转型、社会重建、城市化历程等等。这一切，绝非一两句话能够说得清楚。

那就先换一个维度，让我们在另一种历史时空中认识容桂。在那里，容桂的“属性”有着清晰的标记。

1. 写进经济史的“105国道容桂段”

捋一捋中国当代企业发展史，有一段路你绕不过去，它的名称是105国道容桂段。

这段路不长，约4公里，自容奇大桥至细滘大桥。就是这短短的4公里，依次分布着“科龙”、“容声”、“格兰仕”、“万和”等众多响彻海内外的企业明星。驾车走在这条路上，两侧巨大的企业品牌广告接踵而至。不仅品牌名称的熟悉度让你脱口而出，就连广告中的形象代言人也几乎汇集了国内最一线的影视明星。因此，这段路还有另一个名称：“名牌大道”。

“名牌大道”并非城市规划的成果，而是20世纪90年代以来自发形成的。如今，这条“名牌大道”已经演变成“名牌大区”，完成了片状扩容——从105国道两旁延伸开去，在两公里的辐射半径内，聚集了德美化工、爱德电器、华润涂料、顾地塑胶、松本电工、环球制药、伊之密机械、万喜燃气具等等一大批知名企业。

很多人知道容桂，都是从企业品牌开始的，像科龙、格兰仕……几乎每一个品牌都标志着国内这一行业的起点或龙头，站在市场的最前端。容桂企业所创造的名词，直接丰富了国人对市场经济、企业博弈、全球化竞争的感性认识。

20世纪80年代，这里是乡镇企业的代言人，全国“十大乡镇企业”中这里占了三席：裕华、科龙、万家乐。在20世纪90年代，闻名全国的顺德产权改革在这里风起云涌，“卖企业”、“国退民进”在这里发轫。2000年之后，制造业转型升级，新能源、信息化、创意产业带来持续的动力。

在珠江东岸，外资拉动、融入跨国企业供应链是最为熟悉的发展模式，而在珠江西岸的这一侧，容桂诠释了草根经济蓬勃的生命力，吸引着一波又一波经济观察家的眼球。

2008年，容桂被授予全国唯一的“中国品牌名镇”。评委说，容桂树立了一个标杆，以后谁能够接近或超越容桂的水平，才能发出第二张牌。

为什么是容桂？

看看一组数据：4个中国驰名商标，11项中国名牌产品，广东省著名商标27个，广东省名牌产品25个。

容桂已经是高度密集的名牌群落，放眼全国，无出其右。

弹丸之地集聚了这么多著名品牌，因为容桂有着强大的企业军团。截至2009年，容桂共有工业企业5000多家，其中超亿元工业企业59家。产业布局涵盖了智能家电、信息电子、医药保健、化工涂料、汽车配件、机械装备等。

容桂的企业军团中，既有超百亿元级的大企业，也有增长势头强劲的中型企业，还有众多实现产业链配套的小企业，健全的企业梯队组成了一个实力强大的镇级经济巨人。2010年，容桂实现规模以上工业产值1376.4

亿元，人称“千亿大镇”。

此时，距离容桂的前身——桂洲镇被称为中国第一个亿元镇，过去近三十年。那是1982年。

2. 这里曾是一个传说

“容桂”这两个字，其实代表着两个地名：容奇，桂洲。

2000年2月，容奇镇与桂洲镇合并，取名容桂镇。这已经不是两个地名的第一次联袂了。早在1958年，容奇和桂洲就曾合并为容桂人民公社，不久又分治。2000年的再一次合并，缔造了当时的“中国第一强镇”。

在此之前，桂洲镇已经是中国的明星镇，而容奇镇则标志着中国历史进程的另一个节点。

1978年8月，一家名为“大进”的制衣厂在容奇镇悄然开张，生产国外名牌牛仔服。当时的国人完全不知道“牛仔服”是何物。大进的资金、设备、原材料、管理人员和订单全部来自香港，由香港的“牛仔裤大王”杨钊投资，容奇镇提供厂房和劳动力。双方的合作期是6年，中方以加工费偿还设备款。当年，这家300人的小厂就收入代工费20万美元。

大进制衣厂的做法，就是后来被广泛效仿的“三来一补”模式：来料加工、来样加工、来件装配和补偿贸易。在广州海关大楼的海关史展览大厅内，至今贴着一张写有“顺德01”字样的登记证，这张开自1978年10月的证明，正是中国第一家“三来一补”企业——顺德大进制衣厂的产品出口准生证。

这一切，在当时都是“地下工作”，偷偷摸摸，躲躲闪闪，冒天下之大不韪。要知道，那还是在改革开放的前夜，十一届三中全会召开之前。一旦被外人发现，就是巨大的政治风险。为避免走漏风声，容奇镇政府甚至规定：凡是从香港运来的制衣设备和原材料，其外包装用品全部集中销毁，销毁现场必须由镇派出所现场监督。

至今我们说起改革开放的第一声春雷，总不忘安徽凤阳小岗村。而大进的创办，甚至早于小岗村的农民分地。如果说，小岗村是中国改革的第一枚火种，那容奇镇则是中国开放的第一扇窗户。

如今，小岗村的政治光环已变成了旅游项目：“当年农家”、“大包干纪念馆”等等。

大进制衣厂呢？已历尽盛衰，湮没在商海的沙滩上。这或许也隐现着顺德文化的另一面：前仆后继，适者生存。在容桂人看来，“大进”盛也自然，衰也自然。市场潮流，浩浩汤汤，大浪淘沙才有辉煌。

但历史不会忘记这一扇早开的窗。甚至有人从中读出了另一种意味：同样是改革开放的民间起步，小岗村是几千年来农民对于土地诉求的回归，而当年的容奇镇则把目光投向海外，投向工业时代。

其实，容桂迈向工业时代的脚步，远不是从“大进”开始。

3. 一个鲜为人知的史料：重新认识顺德

容桂是顺德的容桂。你可能不知道，顺德是中国近代工业的诞生地之一。

19世纪70年代，顺德已经是南国丝都，成为广东最大的丝织生产、交易中心，在国际生丝市场上独占鳌头。鼎盛时，顺德年产丝绸20万匹，丝织业年产值约1000万银元。当时最大的丝绸商号都在容桂，丝商云集，渡船遍布，有着“一船白丝去，一船白银归”的赞誉。丝市的货币周转量每年在1亿银元以上，钱庄银号占了珠三角的三分之二，这里被称为“广东银行”。

到19世纪末，这里的丝织业已经进入机械生产。整个顺德规模较大的机械缫丝厂超过百家，缫丝工人多达6万余人。在《中国近代工业史料》的记载中，当时上海的产业工人尚不足5万，天津则不满5000人，顺德的产业工人数量超过上海与天津的总和。到20世纪初叶，这里的产业工人竟多达20余万。

“南国丝都”带旺了当地的机械制造业，容桂等地先后出现仿制洋式蒸汽发动机的生产厂家，成为缫丝机械的供应地。顺德人薛广森甚至在1915年生产出了中国第一台国产柴油机。

任何一个地方的发展都离不开其人文基因。只有沿着历史的脉络上溯到昨天，才能真正地理解我们从哪里来、向何处去。

在建国后的教科书中，桑基鱼塘是一个尽人皆知的条目——珠江三角洲传统的农业生产模式，尤以顺德为代表。而在历史的真实中，这只是其一。农业只是彼时经济发展的一个侧面，另一个侧面是当时已经萌芽的民族工业，还有伴随而生的商贸业、金融业。因为各种因素，我们常常将其忽略，以至于后来的现实仿佛是横空出世、飞来之笔。

清朝咸丰年间编修的《顺德县志》记载，当时的顺德人“大率耕六工二，余则贸迁其事”。这种社会结构在当时的农业帝国而言，简直非比寻常。直至20世纪六七十年代，在全国都以阶级斗争为纲、狠割资本主义尾巴的时候，容桂乃至顺德的乡间仍然存留着零零星星的工业生产，小电机厂、小塑料厂、小五金厂等等。当时就有顺口溜批判这种“歪风邪气”：村前百花香，村中机器响，为了钱钱钱，忘记大方向。

改革开放后，“先知先觉”敢为人先的容桂人就抢先在中国制造出了一批批风扇、电饭煲、冰箱、微波炉，源源不断地销往神州大地甚至国外……这不仅是政策春风使然，更是这一方水土中人文基因的必然。

4. 容桂人对自己的四个不满意

虽然“珠三角镇域经济发展论坛”在容桂举行，但对容桂人而言，“镇”，是一顶他们早想摘去的帽子。这个帽子无关行政级别，只关乎当下的容桂人对生存空间的内心定位。

正如列海坚所问：为什么到现在还没有人把容桂称为城市？

这句话的背后，是容桂人对现实的不满，不满意容桂的城市化发展状态。

不满意之一：仍被称之为城镇。

“城镇”一词，曾经代表着一种发展的先进性。在2000年启动的国家《关于制定国民经济和社会发展第十个五年计划的建议》中，“不失时机地实施城镇化战略”是发展方向。

据说城镇化是一个中国学者创造的词汇。在中国政府最高官方文件中，第一次出现这个词也就在2000年颁布的“十五规划”。所指的城镇化，即指农村的城镇化，以乡镇企业和小城镇为依托，实现农村人口由第一产业向二、三产业的职业转换，居住地由农村区域向城镇区域迁移的空间聚集。

快速的工业化发展，已经推动容桂由城镇化走向了初级城市化。2006年，容桂第一产业即农业在经济中的比例仅为0.3%。2009年，在80平方公里的空间内，容桂的常住人口近50万，经济总量300亿，工业总产值过千亿。对比国内普通乡镇三五万的平均人口，已然不是一个概念。

此时的容桂，需要的已不是农业人口的转化，也不是产业规模的集聚，而是以人类迄今为止最高文明的空间载体——城市的眼光，审视自身，规划未来。

不满意之二：城区与农村杂然相陈。

当人们以城市的眼光重新打量容桂时，差距和不足就跃然而现。既有商贸繁华的中心城区，也有躲在犄角旮旯里脏乱差的小村小巷；道路规划、公共设施、人居环境、文化发展等等，都与现代城市的先进水平形成落差。城市功能的塑造，城市经济的创新，城市灵魂的淬炼，与人们的期待尚有不小的距离。

不满意之三：每一寸土地都已开发，失去未来的增长空间。

在容桂这幅画卷上，笔墨所至，密密麻麻，已经没有了留白的空间。容桂的土地开发使用已近饱和，大量早期的无序开发导致空间密度大、强度低、环境效益差。未来的发展向何处要空间？让一幅旧作如何换新颜？确是颇费思量的难题。

其实，这是经济粗放式发展后的一个必经阶段，绕不过去。容桂不是企业，企业可以通过兼并、收购，跨地域、跨国界、跨行业地发展，而容桂所有的努力只能在这一亩三分地里精耕细作，期待破茧而出。

不满意之四：区域竞争中脚步稍显迟缓，自他比较时优越感已然低落。

自己跟自己比较，这十年容桂实现的是历史的跨越。国家级高新技术园区的进驻，企业自主创新的提升，城乡一体化基础设施的完善等等，都让容桂保持着持续的活力。

但容桂人从来不缺的是危机感。他们环顾四周，看周边区域竞争，看国内外一线城市发展，心有不甘。从来要喝“头啖汤”的人，最担心的就是被后来居上。商业文化的传统让容桂人明白，市场的赢家永远是先行者。

容桂人不讳言自己的不足与不满。民众或期望或牢骚，尚可一夕感怀；但对掌舵者的政府而言，现实的种种是频频扬起的策鞭，片刻耽误不得。容桂的掌舵者们在屏心静思：当下的困境之因是什么，束缚手脚的“藤条”又是什么，未来发展的参照系究竟在哪里？

第二节
顶头遭遇天花板

1992年是个春天的故事。那一年1月29日，邓小平结束对广东的考察前，在顺德短暂停留。他驻足的地方就在容桂，当年的广东珠江冰箱厂（海信科龙前身）。看到这家当时国内最大的制冷家电企业，邓小平惊喜不已，连连问道：“你们是乡镇企业吗？是乡镇企业？”厂长潘宁肯定地回答：“是，我们是乡镇企业。”

对话极短，却意味深长。据当时的亲历者、陪同邓小平视察的中共广东省委副秘书长陈开枝回忆，邓小平曾经问：这个企业是什么级别？陈开枝回答：如果按照行政级别套，它连股级都不到；但是从实力和影响看，它相当于集团军。

那一段记忆，带着特有的时代烙印。而今，企业都游弋在水深海阔的市场经济中，海有多深，鱼就能有多大，行政层级早已不是束缚。但对于一个地方政府的掌舵者，对于一个地方区域的发展而言，却是另一种境况。

此时的容桂，头上就顶着一方透明的天花板。

1. 人大衫小的尴尬

2009年媒体上描述容桂的发展，总是用三句话形容：市级经济，县级人口，科级行政。记者们与容桂的官员交换名片时，低头一看，更是惊讶：佛山市顺德区容桂街道办事处。

“容桂是个街道办啊？”这句下意识的话，跟当年邓小平在珠江冰箱厂的感触有点异曲同工。即便在见多识广的媒体记者眼中，容桂给他们的直观印象也与脑海中的“街道”迥然。

要明白记者们的疑惑，需了解“街道”的一般形象。在中国超大城市北京、上海、广州，街道所辖的面积大多从不到1平方公里到三五平方公里不等，所辖户籍人口大多在10万人左右。相比之下，容桂面积80平方公里，户籍人口20万，常住人口近50万，地理空间与人口数量都远超“街道”的一般概念。

再说经济体量。2010年容桂实现规模以上工业产值1376.4亿元，同一年北京全市实现规模以上工业产值约1.3万亿元，广州实现规模以上工业产值1.4万多亿元，容桂的这一指标是这两个超级城市的近十分之一。

来到容桂的人，都要经历一番对“街道”概念的再认识。

在中国的行政层级系统中，街道是最基层的行政组织，甚至连一级政府都不算，而是市辖区级人民政府的派出机关，行使区级人民政府赋予的职权。这样的行政层级意味着什么，对于身处体制之外、身处城市管理者职责之外的人而言，不甚清楚。

有人说，在经济大潮中，在企业化生存的环境里，人们对行政边界或行政级别的重视已逐渐模糊，而对经济地理或产业链条的反应才更加敏感。谁会在意顺德只是一个区，谁会在意容桂只是一个街道？

这话不无道理。当聚光灯打在企业的身上，打在市场资源要素的流动中，确实有这样切身的体会。可是当我们的目光触及经济现象之下，考量一个地区的公共服务、社会管理乃至发展规划时，行政层级就是一种隐性的肌理，在更深处或牵制、或约束、或促发其发展。在现有体制下，公共资源的配置、行政权力的行使都与行政层级一一对应，轻易逾越不得。

生活其间的民众，可能不会沿着这样的肌理去剖析，但他们直接承受的是种种现实症结。

2009年以前，容桂的居民常常向街道办事处投诉，说商贩乱摆乱卖影响道路交通、影响市容，为何屡禁不止？言辞激烈者说：这是城市管理的一个基本职责，连这个都管不好，何谈其它！殊不知，这个问题却真的让容桂街道办束手无策。

这是为什么？

容桂的城市管理者并非不作为，而是难作为。接到类似投诉，容桂城管人员都到现场协调，但他们唯一的工具就是动嘴皮子，对商贩劝退劝散式管理。“没办法，我们既没有执法权，也没有处罚权。遇到问题，只能向顺德区城市行政执法局反映，等候他们处理。”

因为只是政府的派出机构，不具备一级政府的行政权力，对于城市管理中众多的日常事务，容桂街道办却没有权限来解决，只能向上反映，向下协调。而区级政府的相关职能部门并不驻在容桂，不可能渗透到容桂的日常管理中。于是就出现：看得见的，管不着；管得着的，看不见。

这样的事情不胜枚举，从市容管理到环境整治，从食品安全到生产安全，从居民服务到企业服务，无处不在。列海坚说：“容桂有1.2万家工商企业、50万人口，他们对政府公共服务的需要，肯定要大过很多地方，甚至超过一些内地的地级城市。我们遇到的困难就是，政府的行政资源不足以支持如此庞大的公共服务需要。”

在行政体制上，容桂只是最基层的科级架构，90个公务员编制，既没有审批权，也没有行政事项处理权。现实与权限之间，政府服务的需求与供给之间，被一个细细的瓶颈卡住了脖子。比如，算一笔细账，90个公务员编制，应对50万人的社会管理任务，平均一个人就要服务近6000人，还要承担上级的各种任务、考核、评比，“西瓜大的责任，芝麻大的权力”，不堪重负。

时任佛山市委常委、顺德区委书记刘海这样形容容桂的状况：“人大衫小、脚大鞋小”，“政府行政的事权、人权与其经济总量、发展速度不相匹配”。这种不相匹配，成了城市管理的直接掣肘。

市场经济中，资本用脚投票，资源追逐高效。政府的“小衣衫”紧紧地束缚了容桂的手脚，影响了城市的效率，上层建筑的运作机制竟然成了社会发展难以突破的天花板。

2. 终端操盘手的困境

“我想提出来讨论的是地方基层行政，这是普通不太注意但是和老百姓生活最密切的一层。”20世纪40年代，著名社会学家费孝通在他的著作《乡土重建》中开宗明义，他认为如果不弄明白这个关键，则无法理解中国的政治。

时间过去半个多世纪，费老的这句话用于理解当下的中国，理解发展中的珠江三角洲，理解变革中的容桂，依然适用。

“从县衙门到每家大门之间”，是费孝通先生对地方基层行政的形象描述。因为在中国传统社会里，“国权不下县，县下惟宗族，宗族皆自治，自治靠伦理，伦理造乡绅”。那时最基层的权力机构就是县衙门。而新中国成立后，县—乡—村、区—街道—居委会等基层权力组织的健全与完善则是中国行政体制建设的一大特点。

容桂街道办事处，作为最基层的政府派出机构，可以说在行政层级中处于“神经最末梢”。但在另一个角度，它又是政府的终端操盘手，是政府服务民众的第一线，是民众接触政府的最前沿。

那么街道办事处要做什么？它的法律职责是什么？

细究起来，这个问题在法律层面并没有清晰一致的答案。为什么这么说？目前街道办事处的性质仍然是以1954年国家颁布的《城市街道办事处组织条例》为法律依据。这个条例内容共七项，全文不足600字。关于街道办的工作任务，该条例这样规定：

> 第四条　街道办事处的任务如下：
> （一）办理市、市辖区的人民委员会有关居民工作的交办事项；
> （二）指导居民委员会的工作；
> （三）反映居民的意见和要求。

寥寥数语，当年立法的时代背景与如今的现实差距赫然在目。20世纪90年代，在城市管理体制改革的推动下，北京、上海、广州等一些城市通过地方立法颁布了相应的街道办事处《工作规定》或《条例》。在这些地方法规中，街道办的职责大体分为居民工作、社区服务、社会管理和城市管理等几大类。

具体到容桂街道办，则又是一个特例。容桂的特殊性，在于它的历史——由镇改区，区改街。2002年2月，容桂镇改为容桂区，成为当时顺德市（拥有地级市管理权限）的一个区。2002年12月，国务院批准调整广东省佛山市行政区划，顺德市撤销，成为佛山市顺德区。随后，2003年1月，顺德区容桂街道办事处挂牌。

目前顺德区所辖的4个街道，都是这样的“镇改街”。由镇改的街道，虽然从法律意义上讲不是一级政府，但实际上却履行着原来镇政府的大部分职能，承担着行政管理和经济社会各项事业发展的重任。容桂街道办的职责，就囊括了政府行政的几乎所有内容：执行经济社会发展计划、科教文卫体、财政、民政、公安、司法等等。

无论哪一级的政策，哪一方面的政策，从国家到省、市、区，最终都要落实到对每一个相应的公民、企业、社会组织的身上。而容桂街道办事处就是这个“最终落实”的执行者——上面千条线，下面一根针。

作为政府的终端操盘手，也就成了政府职责的终极责任人。从经济发展指标到计划生育指标，从社会保障覆盖到社会救济发放，从创建文明城市到推行节能减排……上级目标层层分解，到达街道之后，再无“下线”，全权担责，无处推脱。要完成这些工作目标，容桂街道办要直面群众，直面一个个的社会个体。个体情况千差万别，造就了街道行政服务的特点：具体，琐碎，繁杂。

“有限权力，无限责任”，是这个终端操盘手面对的另一现状。

这一现状的原因，则是条块管理造成的。条条块块，是了解中国政情的人最熟悉的一对矛盾。条，指的是垂直管理的职能部门；块，指的是属地管理的地方政府。这是两套各自封闭的系统，相互间的关系剪不断、理还乱。

比如在容桂街道这一级，工商、税务、国土、质监等等都是垂直管理的条条，一旦涉及土地报批、市场整治等，街道办只能与之协调，无权直接管理；但在责任上，仍要接受上级的相关指标考核。于是出现，权力在条，责任在块。垂直管理部门的人、财、物是系统内控制，条条部门往往只对系统内负责，不对地方发展负责。身处条块网格之中，必然出现诸多管理空隙。但是最终承受代价的，是一方水土一方民众。

容桂街道办事处下辖23个居委会、3个村委会。街道办与这些村居委会之间的关系，是一个特有的界面。

说其特有，因为在中国镇街以上的政府机构，都不需要面对这种关系。一方是逐级任命制的政府，另一方是村民、居民自治组织。街道办对村居委会有工作指导之责，却没有行政关联的上下级关系。按照《村民委员会组织法》，村委会只对村民代表大会负责，村委会主任由村民直选，村委会协助街道办开展工作。一方是指导但不能干预自治，另一方是协助但并不对其负责。

在现实中，街道办的行政服务需要依托村居委会延伸，于是村居委会日益走向行政化，成了“准政府”。在一些大的村委会中，职能设置无所不包，办公机构甚至和政府一一对应，街道办有什么部门，村委会就有什么部门。

村委会主任是村民直选，并非政府任命，村委会不对政府负责，政府无法掌控村委会实际承担的行政服务质量。结果导致，政府的行政意图难以贯彻，村民得到的公共服务大打折扣，甚至加深了农村的基层矛盾。也因为承担行政服务，顾此失彼，村居委会的自治职能反倒缺失了。如何理顺政府与村居委会的关系，成为直接影响社会基层问题的又一个关键。

在这样的背景下，考量容桂街道办这个政府终端操盘手的角色，就像审视显微镜下的组织切片，解读DNA分子中的基因密码，看到的是中国基层政治的所有属性。为什么说容桂改革是中国行政体制改革中至为重要的一环，由此有了答案。

3. 掌舵的与划桨的

在英文中，政府（government）一词的词根来自希腊文，意思是“掌舵”，政府就是那个掌舵的人。对于掌舵者，容桂人深有理解。

俗话说，北人赛马，南人竞渡，顺德人尤善扒龙舟。而在一艇龙舟上，舵手是统帅。顺德方言把龙舟上的舵手称为“舦公”，当舦公的都是行船经验丰富的长者，能识风浪，见风使舵，把稳前进方向。当然，船行还要靠划桨，靠各尽其力、心力一致的桡手。

政府的角色，仅是掌舵，还是划桨，抑或二者兼备呢？这其实是一个争论不已的问题。从西方公共管理学的理论研究，到国内转变政府职能的实践探讨，说到底，都是围绕着这个问题。

世界银行在1992年发布其年度研究报告《治理与发展》（*Governance and Development*），其核心是提出政府治理概念，认为治理的基础在于政府的职能从“划桨”转变为“掌舵”，从直接行使权力进行管理，转变为引导各种资源、手段达到社会共同目标。

世界银行关注政府治理，是因为经济全球化浪潮促使西方社会出现了种种矛盾与问题，各国政府的治理能力对于全球经济的可持续发展至关重要。我们关注政府职能转变，是因为我们的社会环境也发生了变化，政府在社会结构中的角色不复往日。

如何界定政府的角色，是转变政府职能、提升行政效能的前提。

容桂的官员说过一个例子。多年以前，街道办召集民营企业开会，一个电话下去，老板们肯定准时到场。现在呢？无论是发电子邮件还是书面通知，别说指望企业老板参加，能派个小秘书来出席，已经很给政府面子了。“这可是社会进步啊，”列海坚曾对笔者说：“企业发展再不用看政府脸色，凭自己本事，当然是好事。”但另一面，容桂的官员们也意识到，政府与企业的关系要重新考量，政府对企业的管理思维、服务方式都要随之改变了。

原来，政府既当掌舵者，也是划桨的，因为社会结构单一。以前，中国城市的基层社会框架是以单位制为核心，街道居委会制度只是一条弱线。单位集各种职能于一身，成为国家与个人之间关系的载体。单位管分房、管医疗、管退休，还管子弟学校，成了国家配置社会资源的基本渠道。在单位中，行政权力是核心，单位就是政府的代表，政府意图畅行无阻。在单位制的框架下，城市社会的组织化程度极高，大多数社会成员都依附在“单位”这个载体上，失去单位的人几乎就失去了社会身份。

而今，市场经济成分多元，计划经济体制下的单位制解体，住房商品化进程推进，使更多的人回归了社区。社区制成了城市社会基本框架。

社区其实是一个地域概念，社区中人与人的关系是松散的，既非宗族关系，又非经济关系，更不是法律关系。而街道办事处这样政府机构与社区之间同样是“新型”关系，既不是行政上下级，也不是经济上的从属，而是公共服务的主体与对象。在如此多元化的社会关系中，政府的社会管理与服务方式该如何改进？这绝不是一个理论问题，而是摆在容桂街道办面前实实在在的现实考验。

与此同时，政府对社会各种资源的配置能力也在减弱。以前社会资源大多通过行政手段配置，现在民间财富聚集，企业是一个个独立的经济体，社会资源的市场化配置程度越来越高。政府能够直接调配的人、财、物，仅仅是社会资源的一部分。如何发挥杠杆作用，通过手中的有限资源撬动无限的社会能量，满足社会对公共服务的需求，也成了各级政府的新课题。

更何况，同样是提供公共服务，身处信息时代的政府面对的挑战也更为苛刻。

信息时代首先是商业时代，商业文化高度发达，人们已经习惯了商业服务的个性化、多样化，习惯了商业服务的高效、互动和广泛的选择性。当公众面对政府的时候，必然会以同样的要求来衡量政府的公共服务水平。政府原来的那种单一、格式化、墨守成规的服务方式必然遭遇诟病。

信息时代，公众与政府站在同一个技术平台上，公众获取信息的速度与政府同样迅捷，获取信息的容量丝毫不亚于政府。加上自我价值感的提升，民主意识的觉醒，使公众在沟通意识上也和政府面对面地站在一起，不愿再接受自上而下命令式的服务。如今，政府的改革必然要顺应这些变化。

在新的社会环境中，作为掌舵者，政府此时已没有能力承担所有划桨的工作了。如果把社会比作一只船，社会中的各种资源力量其实都是划桨人，那么掌舵者要做的是了解水情，看清风浪，认定目标，制定规则，调动所有划桨人的能量，驶向共同的目的地。

在经济全球化的今天，政府掌舵的能力至为重要，犹如龙舟竞渡。

第三节
连“创二代”都不愿回来，还能留住谁

当“富二代能否接班”频频成为媒体话题，在民企扎堆的容桂，白手起家的企业家们却很不待见这个字眼。“说‘富二代’，不如说是‘创二代’。我们是创业一代，他们是创业二代，得接着创，接着干！”

眼下，最令这些老板焦头的，还不是企业接班问题，而是如何把这些

创二代们从大洋彼岸吸引回来，哪怕先连蒙带骗呢。“要是回来，老爸送你一部奔驰跑车。”但这样的价码，也往往无功。

这群“创二代”，小小年纪就漂洋过海，从寄养异乡的小留学生，已长成能独立打拼的文化混血儿。回来还是不回来，就要看他们天平上的砝码了。天平这头是容桂的企业园区，那一头是纽约华尔街、伦敦金融城。即便当“海归”，天平的那一头还有北京上海的CBD呢。相比把根深扎在顺德的父辈，这些“创二代”的选择，更像资本的国际流动，永远青睐效率高的地方。

“创二代”的父辈，容桂的企业家们，对于地域发展迫切需要人才的感受，比任何一位地方官员都更为深切。对他们的企业而言，不仅要引进外来的顶尖人才，稳定熟练的技术工人，更要吸引自己的接班人回归。这一切，光靠奔驰跑车，靠工资待遇，已远远不够了。

“我留住一个人，政府得留住一个家。”容桂商会会长、恒基实业（集团）有限公司董事长孙志恒，一语道出关键。“企业要留住核心人才，不仅是企业增加他们的待遇，同时政府要考虑怎么协助社会把家属留住。把家留住，才能把人才留住。父母的生活，儿女的教育，都是未来留住核心人才的关键。”

从这个意义上说，企业真正需要的并不是政府给予的人才补贴。企业之外的发展机制、居住环境、文化魅力，才是城市吸引力的根本。而这些根本的改善，是容桂企业家对政府的寄望。

当这些企业的发展已经在国际市场中逐鹿，企业所在的地域也就必然要进入全球视野下的城市竞争。

“不客气地说，对于高端人才的吸引力，顺德比十年前都下降了。”小冰火人网络科技有限公司总经理彭利民是武汉人，选择在容桂创业，因为1996年的南下。在华中科技大学读制冷专业的彭利民，一毕业就奔科龙而来。“那时候顺德改革名声在外，科龙又是国内制冷行业的龙头，聚集了一大批想干事业的人。”当时彭利民的科龙同事大多都是国内重点大学毕业，这里机制灵活、待遇高薪，优势远胜内地的很多大城市。

但是现在呢？做电子商务的彭利民，想在容桂、在顺德找到高级程序员、优秀网络设计师，都不那么容易。“这里的比较优势已经下滑了。内地的大城市都在飞速发展，而北京上海广州有巨大的文化吸引力，年轻人更看重城市的氛围。更何况比起十几年前的高薪，现在顺德的薪金水平没有优势，比北京上海还低。”

今天，城市间的竞争已经白热化，容桂人有着兵临城下的紧迫感，不进则退，只争朝夕。“就像天体之间存在引力一样，城市之间也有拉力，不够强就会被撕裂，容桂要尽快成为强中心，把周边的城市吸引过来。”列海坚道出了容桂人的危机意识：“容桂目前的发展水平已经是顺德的领跑者，但要用中国甚至全世界的标准来找自己的差距。”

在全球化的城市角逐中，政府的职责是什么？是进行一轮又一轮的招商引资，还是推出一批又一批的城市规划？该如何评价这个掌舵者的工作绩效呢？

我们总在探讨政府职能如何不缺位、不越位，纠结在该做什么、不该做什么，那么，这个“位”在哪里，怎样做才算到位？如果把政府看作一个生产者，它为社会供给的产品到底是什么？

这不仅是摆在容桂街道办面前的问题，也不仅是国内各级政府要思虑的问题，这其实是一个世界共同课题。在经济全球化的背景下，世界各国的政府都面临着政府职能改革，如何自我革新，顺应变化。

20世纪末，美国就曾发动一场轰轰烈烈的“重塑政府运动”。当时美国总统克林顿提出，重塑政府的核心是重新界定政府职能，引入“顾客至上”的服务意识。至于当时改革的迫切性，美国前文官委员会主席艾伦·坎贝尔举过一个例子：“政府雇佣一名新文官，按标准程序要610天。”而一位失业者想得到政府救济，则要跑30多个机关，填写一份又一份的表格，直至有些人最终放弃。部门与部门重叠，机构与机构交叉，也成了当时美国政府的顽疾。美国前海军部长莱曼是一位以精明干练著称的人，可他却说：“坐在这张桌子旁的任何人，包括我在内，已不能讲清楚五角大楼系统的归属和协同。”

克林顿提出“裁员、节支、高效”，引入企业化管理模式，使政府改革取得了成功。以至于，有人将其在任时美国经济连续117个月的增长归功于这次政府改革，称其带来了美国历史上最长的经济扩张期。

美国有美国的方式，而中国则要寻找中国的答案。

一方面，政府要为社会提供具体的公共服务，国防安全、环境保护、义务教育、社会保障、基本医疗、治安维护等等。而另一方面，当社会出现种种问题，就业难、住房难、食品安全、青少年犯罪等等，这些问题的解决，凭政府一方并不能包打天下。但政府在其间的作用至关重要——政府要提供解决问题的最佳路径和机制，要设定最优的目标和策略，要进行最为公正的利益平衡，要激活社会资源的正向效能。

因为后者，政府的职能改革绝不是行政体系内部的事情，绝不是政府大院关起门来“重新分猪肉”，更不仅是多开几个办事窗口，多设一些“一条龙服务”。政府的改革必须是一种体制的改革，通过体制创新解放社会生产力，让更多的社会力量参与到社会共同问题的解决之中。

说白了，政府生产的产品，就是“环境”，两种环境。看得见的，是城市环境；看不见的，是制度环境。归根结底，还是制度环境，因为它决定了城市环境能否可持续发展，而不是运动式的一阵风。今天，城市间的竞争，就是这两种环境的竞争，比拼的核心是制度环境。

要创造“强中心”，要增加城市的吸引力，就要激活区域中各种要素的活力，靠的就是制度。当容桂的官员意识到这一点的时候，他们寻找的路径只有一个——改革，在体制上动刀子。

过去，顺德因改革而成名和发展，今后，容桂也只有靠改革才能超越，用最好的体制推动新的发展。

容桂人不知道，有人跟他们想到一块了。

第二章

容桂探索为什么

2009年11月启动的容桂新政，是怎么来的？

回答这个问题，就要跳出容桂，要了解容桂新政前，广东发生了什么，顺德发生了什么。

2007年12月1日，中共中央政治局委员汪洋出任广东省委书记。

汪洋就任即言："改革开放是广东的魂。广东靠改革开放起步，也靠改革开放起飞；靠改革开放赢得今天，也只能靠改革开放开创未来。"

同年12月25日，汪洋在广东省委十届二次全会上开诚布公："我们必须认识到，再不解放思想，锐意进取，用改革创新来解决问题，广东排头兵的位置将难以自保，全面实现小康的目标将难以实现，小平同志托付的任务就难以完成！"

新任省委书记传达出的是危机意识，一种着眼于广东经济社会可持续发展的超前眼光。汪洋经略南粤的主旨是16个字：转变经济增长方式，深化行政体制改革。

我们今天知道，2007年底是一个重要的时间点，美国次债危机引爆，由其引发的世界性经济危机，在此后的两三年席卷全球。美元贬值，货币市场动荡，原油等大宗商品市场变化莫测，企业成本上涨，利润空间备受挤压。早有世界工厂之称的中国第一经济大省广东，直接受到冲击，资源能源紧张，出口效益锐减，国际经济风险一日紧似一日。

危机频扰，广东经济可持续发展的问题再成焦点。新任省委书记的危机意识，多了一层现实的迫切感。破危机之局，谋长远之变，渐成南粤上下的共识。

第一节
一位长者的发言
——顺德再被推到前台

顺德走入新任省委书记的视野，与一位长者有关。

这位长者是中国经济体制改革研究会副会长、广东经济体制改革研究会会长黄挺。外人或许并不了解，黄挺在上个世纪九十年代担任过广东省体改委副主任，曾因提出“改革深处是产权”而闻名当时。

2008年8月16日，在深圳举行的广东省体制改革务虚会上，汪洋亲自主持会议，他开门见山：广东靠改革发迹，靠改革壮大，改革是广东的魂，自己主政不久，对广东改革情况不是太了解，所以今天务虚，请在场专家敞开讲。

年届七十的黄挺第二个发言，他讲了20分钟，重点就一个——以上世纪九十年代顺德产权改革为例，说明广东的体制改革曾经引领全国。

“顺德的改革现在怎么样？”汪书记追问。

“还不错。”黄挺答道。

这短短的一问一答，被媒体意味深长地解读为：

一个“还”字藏下许多话。最近几年，顺德经验说少了，顺德发展放慢了。黄挺重提顺德过去的辉煌，更大的目的是让省领导重视现在的顺德。（《南方都市报》2009年1月9日）

一快一慢，两个顺德，是当时媒体持续关注的话题。

在此之前，顺德的改革急先锋形象，早已名声在外。

在20世纪80年代，顺德曾是“广东四小虎”之首，财政收入一度居广东各县之冠。熟悉当时情况的人都知道，“广东四小虎”概念的提出，直接应对的是“亚洲四小龙”，代表着中国改革开放的成就。

到了90年代，顺德更是改革明星，光芒四射。

在媒体话语中，顺德是众多改革概念的原创地，“拆庙搬神”、“靓女先嫁”、“一元钱卖企业”、“产权改革”等等做法，在当时步步踩着雷区，游走在新旧观念的交锋间。“可怕的顺德人”因此得名。

在官方文件中，顺德是一系列改革的试验田：1992年，顺德被列为广东省综合改革试点；1999年，顺德成为广东省率先基本实现社会主义现代化试点城市。广东是全国改革开放的先行者，而顺德则成为广东改革的探路人。

曾四次参与组织中国行政管理体制改革的张志坚，有言：“我们以前提出的一些有关行政管理体制改革的政策建议，也受到了你们（顺德）的启发。可以说，你们的改革为我国行政管理体制改革提供了宝贵的经验。”

张志坚曾任中央机构编制委员会办公室主任。中央机构编制委员会（简称中央编委）负责全国机构改革和机构编制管理工作，委员会办公室是其常设办事机构（简称中央编办）。国务院总理温家宝兼任中央编委主任，国家副主席习近平兼任副主任。

回顾当时的景象，1997年几乎成了中国改革的“顺德年”。人民日报、新华社、中央电视台等权威媒体纷纷系列报道顺德改革，向全国推荐顺德的做法和经验。这一年，各地学习考察顺德成了风尚，顺德接待的考察人次超过20万。

可是，2003年之后，顺德的形象开始模糊了。在媒体看来，顺德的风头没了。

2003年，顺德撤市设区，成为佛山市顺德区，地级市管理权限随之取消。

2004年，顺德丢掉了桂冠——全国县域经济百强之首，被江苏昆山迎头赶超。要知道，顺德此前连摘此冠，称雄中国县域经济。

人们开始担心，这位曾经的“四小虎之首”只是昨日辉煌。

一直关注顺德的黄挺，很是着急。

2008年，在接受顺德当地媒体《珠江商报》采访时，黄挺直言：“目前顺德的先发优势在弱化……顺德要想再创辉煌，首先要解决的就是自身的定位问题。谈定位，不能只局限在顺德、佛山，要把视野放宽到全省、全国乃至世界。”

黄挺解剖顺德处境：“……政治体制改革仍然相对滞后，与经济体制改革的进程不相配套。这种局面如果再不改变，在一定程度上将抑制经济体制改革的进一步深化。在这方面，顺德应该胆子更大一些，多闯一闯。广东的发展不能齐步走，需要几个排头兵先‘杀出一条血路’，顺德应该当仁不让。”

黄挺对顺德厚望于此，我们就不难理解，在新任省委书记汪洋面前，他为什么会“力挺”顺德。

顺德人没有想到，就在这次务虚会的两个月后，2008年10月16日，汪洋视察顺德。汪洋自己说，这是来顺德“报到”。

时任顺德区委书记的刘海，后来回忆：

“汪书记此次顺德行，是他到任后第一次来顺德视察。按照惯例，我准备了顺德近期的工作情况向汪书记汇报。但10月15日晚，省里来通知说，希望我准备1992年和1999年顺德两次体制改革的材料，向汪书记汇报。第二天，我用了15分钟时间，向汪书记汇报当年改革的情况，但那时我还是不太理解省里的意图。”

新任省委书记对顺德有什么想法，刘海和其他当地官员并不清楚。汪洋为什么对顺德改革史如此兴趣浓厚，其间的潜台词又是什么呢？

一位当时陪同视察的顺德官员回忆，汪书记谈兴甚浓，越讲越深入，给顺德提出了三大课题：一，找准影响科学发展存在的思想障碍；二，弄清影响实现科学发展存在的体制约束；三，提出解决突出问题的对策举措。

此次省委书记顺德行的一个直接结果是：汪书记当场拍板，全省经济特区工作会议特邀请顺德参加，顺德要总结好经验和下一步的想法，在会上发言。

要知道，顺德不是经济特区，连地级市都不是，本来跟这次会议沾不上边。省委书记点将，一个“特邀”，让顺德再次站到前台。

第二节
省委书记的蹲点

其实，汪洋说来顺德“报到”，应的是不久前的一件事。

2008年9月，广东公布首批深入学习实践科学发展观试点名单，顺德列在其中，是其中唯一的县级单位。更耐人寻味的是，直接挂点联系的省领导就是省委书记汪洋。

在汪书记眼中，顺德为什么这么特殊？

汪洋直接道出“破格提拔”顺德的原委：

“其一，作为中国改革发展的排头兵之一，顺德今天遇到的问题，其他地区明天将要遇到；其二，顺德拥有雄厚的物质基础、强烈的改革意识和丰富的改革经验，破解科学发展难题的能力强；其三，顺德名扬省外乃至国外，在这里成功实现科学发展，示范效应会更大。”

2008年11月，广东特区经济工作会议在深圳举行，不是“特区”的顺德，被点名参会，又成了与会唯一的县级单位。

其实，这次会议本身就耐人寻味。上一次的全省特区工作会议，是在12年前。12年间，人们的特区情结已越来越淡。在全面改革开放的时期，“特区”还“特”吗？还有意义吗？

时隔12年，广东再开特区工作会议，意图何在？

汪洋在这次会议上说：

“在新的历史时期，广东还能不能‘特’，关键看自己。广东的‘特’，从来都是靠广东人自己创出来的。如果现在的广东不能‘特’，缺少‘特’，那就是我们自己的思想束缚了自己。”

显然，汪洋眼中的特区之特，并非行政标签或特殊待遇，而是一种创新谋变的精神。在不是特区的顺德身上，汪洋看到了这种精神气质。

据时任顺德区区长梁维东回忆，汪书记在会上多次点名顺德，并说，进入21世纪很少听到顺德的声音，更少听到顺德改革的举措，“顺德是改革典型，1992年已经是省的综合改革试点，要擦亮顺德这块牌子，保持改革的延续性。”

就在这次会议上，汪洋提出要继续秉承“允许改革失败，不允许不改革”的理念，要坚持“不争论，坚决试”，多干少说，或只干不说。

会后，广东省出台了《关于经济特区和沿海开放城市继续深化改革开放率先实现科学发展的决定》，明确提出要深化行政管理制度改革，顺德被列入广东行政体制改革试点，与深圳等一起探索大部门制度改革。

顺德的第三次改革大幕，由此拉开。

在省委书记的全省一盘棋中，顺德代表县级城市，深圳代表大城市，“如果搞成功了，对广东省下一步的改革有推动作用，对全国都有意义”。

我们今天解读发生在广东行政体制改革中的“顺德试验”，还要从一个现实的场景——2008年全球金融危机出发。

这次全球化时代以来的最大寒潮，将广东省经济结构失衡的问题暴露无疑。有人惊呼：“广东已经到了最危险的时候。”危局迫近，广东高层要拿出对策。

当时的广东高层，提出了两步走的战略：第一步是以危机促转机，将金融危机引发的经济困局转化为经济转型升级的机遇；第二步，以经济转型倒逼行政体制改革，破解行政壁垒，重建高效的政府体系。

两步走旨在破局，一破如何应对全球金融危机之局，二破广东省如何实现可持续发展之局。

2010年5月，发表在《南方日报》上的一篇文章再谈于此。文章标题是《转方式突破口在于行政管理体制改革》，署名是广东省机构编制委员会办公室。熟悉政情的人知道，在“体改委”退出政府架构之后，从中央到地方，“机构编制委员会”扮演着推进行政体制改革的具体谋划与组织实施的角色。

文章开宗明义：要加快经济发展方式转变，首先要深化行政管理体制改革；要推动自主创新，首先行政管理体制要创新。

经济发展方式转变这台“大戏”的“演员”虽是市场主体，但“导演”却是政府。因此，传统经济发展方式问题的“症候”在经济领域，而“病根”却是行政体制机制。

突出表现在宏观和微观两个层面：

在宏观层面，政府角色转型和政府职能转变不到位，仍是经济建设型政府，大部分精力和资源都用在具体的经济活动上，而不是放在为经济发展营造良好的行政环境上，放在提高宏观调控能力、公共服务效率和水平上，所以难以集中资源、精力、时间去贯彻中央和省关于加快经济发展方式转变的政策，积极引导、激励和约束企业加快经济发展方式转变。

在微观层面，行政管理体制的专门领域如财税管理体制、科技管理体制、环保执法体制、人才管理体制、知识产权管理体制、价格管理体制、资源管理体制、金融管理体制、市场监管体制等方面，都存在改革滞后问题。

由此我们不难看到，省委书记对顺德的“破格提拔”、亲自蹲点、贴身指导，显示出今天的顺德在广东行政体制改革中的先行角色，而“顺德试验”也成为珠三角谋求经济转型的突破口。

自2008年10月“报到”顺德后，2009年1月12日，汪洋二下顺德，调研并座谈顺德改革方案。

同年6月1日，汪洋三下顺德，听取改革方案初稿汇报，为顺德打气：“有人说这个你要增一个，有人说那个你要减一个；有人说这个机构可以调到这去，有人说可以调到那去；有人说名字这样叫，有人说名字那样叫。这东西肯定仁者见仁、智者见智。最后就是邓小平的话，先试不争论，实践作结论，错了改过来就是了。我们无非就是一个区，对不对？”

同年8月，汪洋主持省委专题会议，专门听取顺德大部制改革细化方案的汇报。

同年9月，经广东省委、省政府同意，顺德综合改革试验工作正式启动。在行政建制不变的前提下，顺德再次被赋予地级市管理权限。

同年10月，汪洋对当时佛山和顺德负责同志说：“开弓没有回头箭”。

2010年2月，汪洋批示：“顺德的行政管理体制改革，可否在各市选一县、区进一步推广，请酌。”

同年3月，汪洋听取顺德改革情况汇报时，当场表态：“很高兴听顺德的汇报，这强化了我的一个观点，选顺德是对的，确实比我想的还大胆。”他进一步说：“我们并不认为这个改革方案就是完美无缺的，谁也做不到，我们承认改革仍然有问题，所以改革才有继续深化的必要。”

一个月后，汪洋批示：“顺德行政管理体制改革遇到的问题，仍然需要用改革的精神来解决，舍此是找不到办法的。”

2010年4月，在一次广东省专题研讨班上，汪洋又提及顺德：“去年我们‘点将’深圳、顺德试点大部制改革，现在看来是选对了。这两个地方都有很强的改革意识，改革方案力度之大出乎意料，改革过程之顺利、效果之好也出乎意料。可以说，深圳通过这次改革，再次引领了改革的潮流；而一度有所沉寂的顺德人又变成了‘可怕的顺德人’。”

顺德改革一年之后，广东省机构编制委员会办公室做过一份“周年总结”，言及省委书记与“顺德试验”：“这次顺德改革，汪洋书记亲自点名、亲自挂帅、亲自策划、亲自指导，自始至终全力支持、关注和推动。”

第三节 **顺德式大部制**

顺德的大部制，不是一般的大部制。积极者赞其大胆，谨慎者担心其出位，然而了解顺德的人会说：这很正常。

在顺德综合改革试验启动前，广东高层定下这样的调子："同意顺德区深化行政管理体制改革，先行先试，实行大部门体制；理顺与镇（街）财权事权，增强镇（街）活力。"

前一层意思不用解释，后一层的意思已超出大部制改革的一般理解，并直接导致了容桂新政。这一点我们将在下一节详述。

其实，大部制改革是国家命题。所谓大部制，即大部门体制的简称。早在2007年10月，党的十七大报告中明确提出："加快行政管理体制改革，建设服务型政府"，"加大机构整合力度，探索实行职能有机统一的大部门体制"。

实行大部制，就是把多个部门分别承担的相同或者类似的职能，归并为一个部门履行，减少职责交叉，避免多头管理，降低行政成本，提高行政效率。或者说，就是合并同类项。

在发达国家，大部制是一种普遍的政府管理模式。英国的大部制改革从上世纪六十年代开始，历经30年。德国也曾对政府机构做了大跨度整合，形成大交通、大农业、大环保等部门模式。日本政府则在2002年将原来的1府22省（厅）合并为1府12省（厅）。

2008年3月，国务院启动第六次机构改革，以大部制为框架，组建了工业和信息化部、人力资源和社会保障部、交通运输部、住房和城乡建设部等新的大部门。

同年8月，中共中央、国务院通过《关于地方政府机构改革的意见》。《意见》指出："地方各级政府要加强机构优化整合，在实行大部门体制方面进行积极探索"；总体目标是，到2020年建立起比较完善的中国特色社会主义行政管理体制。

在地方各级政府实行大部制上，中央的态度是积极探索。其中的意思很清楚：这一步必须要走，而且要积极推进；但在怎么改的问题上，允许地方各级政府有一定的自主性，可以摸索，可以试验，可以创新。

对于中央的这一部署，广东高层旗帜鲜明："允许改革失败，不允许不改革"；"不争论，坚决试"。

2009年9月，顺德大部制改革正式启动，官方文件称其为"顺德综合改革试验”。

从2008年8月到2009年9月，启动前的这一年，顺德人在做什么？

今天看来，这是顺德大部制改革的酝酿期。早在2008年12月，当时的顺德区委书记刘海，进京求教，把脉顺德。中国政治体制改革专家许耀桐，就是在这个时候，接受顺德邀请，成为此次改革的智囊之一。

许耀桐教授是国家行政学院科研部主任、博士生导师。深入了解顺德情况后，许耀桐做出了一个出人意料的判断：顺德的大部制改革早在1992年就已经发生。顺德人自己的说法是：“拆庙搬神摘乌纱”。当时顺德已经对党政机构实施“撤、并、建”的“手术”，将机构精简了1／2。

许耀桐为什么会这么判断？我们要回到1992年的那次顺德改革。

那一年的顺德改革也被称作“综合改革试验”。《大道苍茫——顺德产权改革解读报告》一书，形象地将那次改革称为“四个轮子一起推动”。哪四个“轮子”呢？

一是以转变政府职能为核心的行政管理体制改革；

二是以理顺产权关系为核心的企业改革；

三是以调整行政建制和组建股份合作制组织、推动农业产业化为核心的农村改革；

四是以社会化保障为核心的福利制度改革。

第一个“轮子”，就是“拆庙搬神”。当时，顺德“不分党委部门或政府部门，一律按工作性质、职能考虑撤并”，全市56个党政机构精简为29个，各部门的内设机构减少了125个，市委办与市政府办最终合并。这是一场“自我革命”。直到5年后的1997年，国务院机构改革才开始启动。

当时顺德人的逻辑是：先改体制，后改产权，改体制是为了改产权，是前提；体制不改，产权难改。

到了1997年，顺德的产权改革名躁全国。但当时，人们并没有对顺德行政体制改革给予足够的关注。在媒体关于顺德的诸多报道中，行政体制改革一直在产权改革的影子里，很少提及。

这样的局面也不难理解。一个时期有一个时期的关注热点。在上个世纪末的中国，产权改革已经让顺德成了一枚“重磅炸弹”，舆论自然偏重对产权改革的关注。更何况，顺德人在产权改革的深度和力度上确有“可怕”之处，触动了社会那根敏感的神经，而产权改革也是当时中国迫切要解决的问题。

但有人一直在关注着顺德的行政体制改革。2002年，中央编办在顺德调研，得出结论：“（顺德）机构改革十年不反弹，这在全国是少有的。”

或许有人会问：既然17年前已经改了，那么2009年的这一次，还要改什么？

参与设计顺德大部制改革方案的许耀桐教授说：“我们这次改革，不是另起炉灶，而是根据新形势、新任务，在1992年改革成果的基础上，继续进行完善和提升，赋予新的内涵。”

关于上一次与这一次的关系，现任顺德区委书记梁维东说：“如果没有1992年的改革作为基础，17年后的这场改革不可能如此彻底，进展也不会如此顺利。”

让我们看看这一次的顺德人做了什么。

这一次，顺德区级的党政机构直接“砍去”2/3，从41个减为16个。这16个部门，是基于大规划、大经济、大建设、大监管、大保障等理念设置的。

减法不是目的。按照顺德人的说法，这一次不是简单的物理拆分，他们要的是“化学反应”，追求的是质变。

顺德的这一次更大胆，超乎常人想象，诸多做法是国内首创，再开风气之先。我们摘取其中的一些亮点：

1. 党政机构一起改

严格地说，顺德这次进行的是党政机构改革，而非政府机构改革。这一字之差，让顺德成为第一个吃螃蟹的人。顺德将区级党政系统中职责相同的机构合并设置，合署办公，以党领政，党政联动。16个党政部门中，党委部门6个，政府部门10个。党委的5个工作部门，同时加挂政府牌子，列入政府工作部门序列，一套人马，两块牌子。

比如，原区委统战部、农村工作部、区工会、共青团区委、妇联、工商联、残联一同合并成“社会工作部”。区委社会工作部与民政宗教和外事侨务局组成新的区委社会工作部。

又如，区纪委、审计局和信访局组成了新的区纪委；文体广电新闻出版局和区委宣传部组成了新的区委宣传部：司法局和区政法委组成了新的区政法委。

事实上，顺德“党政合一”已实施多年。纪检监察合署办公，就源于1992年的顺德改革，后来推广到了全国。而此次改革，纪委再次合并了审计部门，体制内外的监督、投诉都放到一块，监督信息集中，监督力度加大。

党政联动，是此次顺德最受关注的。政治学者、中国人民大学教授任剑涛说：“这正是中国体制改革更深层次的地方。因为真正的决策在党委，政府在某种程度上是执行。因此，只有党政联动，才能切中行政体制改革中最关键的问题。也正因如此，运作上的难度也更大，推动力度也要更强。”

2. 不拘“条”“块”，跨部门整合

原本由广东省、佛山市垂直管理的工商、地税、质监、药监、国土等九个部门，一并纳入机构整合范围。比如新成立的市场安全监督局直接合并了质监局和工商局；而财政局和地税局则组成新的财税局等。这些举措，已经不是在同一个行政层级内“动手术”，而打破了一个更大的利益格局。

机构整合的主要依据是“同类项合并”。市场安全监管局，以原工商、质检、安监三部门为主体，将市场监管、食品安全、安全生产等职能全部囊括，形成“大监管”格局。经济促进局则将农业局、经济贸易局和科学技术局合并，“一二三产业全包括”，形成“大经济”部门。

3. 将区领导“下放”，“让董事长兼任总经理”

16个新部门首长，由区委常委、副区长和政务委员兼任。“区政府政务委员”是顺德的自创，政务委员被赋予相当于副区长的级别和权限。区内决定全局性重大决策权由区联席会议行使，联席会议成员由区委常委、人大常委会主任、正副区长、政协主席、政务委员组成。

区级的决策、执行机制形成“联席会议—部门—业务科室”的架构，减少了原来的副区长、区委常委分管和秘书长协调两个环节，实现了扁平化管理。

顺德人形象地说，这一招是“将区领导下放”，“让董事长兼任总经理”。以前，区委常委、副区长话语权很大，但出了事还是职能部门的局长负责。现在，区委常委、副区长、政务委员都是大部门的“一把手”，分工明确，职责不重叠、不交叉，“你决定，你负责。”政策有没有落实，直接找“一把手”算账。

仅仅上面的这三个动作，就能看出，这一次的顺德走得更深、更远。

顺德再度引来国内理论界的高度关注。

任剑涛教授说：“顺德行政体制改革提供了倒逼示范，作为被授予地级市管理权限的县级单位，在行政体制改革上提供愿景，改善结构，重组功能，有力推进，显示出总的盘子、总的结构，这对于全国其他地方是有重要示范意义的。行政体制改革本应从上而下，但是上面的许多改革既无蓝图又无功能重组，而顺德从1992年的产权改革到1999年的综合改革到现在，都是倒逼示范的连续再现，突显了顺德作为改革先行区的意义。”

身在其中的许耀桐教授直接点破顺德这次改革的出发点：“最后减少了多少部门、多少编制，不是评价改革成功与否的标准，行政效率有没有提高，执行力有没有增强，为市民服务的水平有没有增强，这才是评价标准。”

顺德的官员又是怎么看自己的呢？

时任顺德区委书记刘海说：“我们是基层，核心是要解决问题。我不在乎机构的多和少，而是重视它的执行力。”

顺德大部制改革实施半年时，特意委托中山大学进行第三方独立调查。调查报告送到了省委书记汪洋面前。汪洋在调查报告上写下这样的一段话："仅仅半年时间，改革尚在磨合和完善之中，就能有这样的认可度，说明改革是成功的。"

2010年4月，广东省省长黄华华在顺德现场会上说："顺德的大部制改革很有气魄，思路非常清晰，效果也非常明显。"

2010年11月，广东省委、省政府印发《关于推广顺德经验在全省部分县（市、区）深化行政管理体制改革的指导意见》，在全省25个县（市、区）推广顺德的大部制改革经验。

今天看，广东高层有意让顺德先行，以行政体制改革为契机，让这个曾经的"广东四小虎"之首、这个中国产权改革的先锋，成为实践科学发展观、探索社会可持续发展的"完整标本"。

顺德是广东的顺德，顺德是中国的顺德。

第四节 容桂试点启动

在官方语境里，顺德的这一次改革被称作"顺德综合改革试验"。那么，"综合"在哪里？

上文提到，广东高层在同意顺德先行先试大部门体制的同时，还要求："理顺与镇（街）财权事权，增强镇（街）活力。"

实际上，深化乡镇机构改革也是中央的精神。2009年1月，中共中央办公厅、国务院办公厅转发《中央机构编制委员会办公室关于深化乡镇机构改革的指导意见》。《意见》指示："根据党的十七大和十七届二中、三中全会关于深化乡镇机构改革、加强基层政权建设的精神，中央决定，在总结试点经验的基础上，在全国推开乡镇机构改革。"

广东高层把大部制改革和乡镇机构改革一起放到顺德，先行先试，为全省两项工作的推进积累经验、树立样板。

对于顺德，广东高层还有更高的期待：

坚决突破制约科学发展的思维定势和体制机制障碍，积极探索率先建立与社会主义市场经济体制相适应的科学发展模式，不断增强产业竞争力、城市创新力、人文吸引力和区域影响力，努力争当科学发展的示范区、体制改革的试验区、自主创新的领先区、新型区域合作的模范区、城乡发展一体的先行区，为珠三角地区"三促进一保持"、"两转型一再造"，为全省深化县（市、区）体制改革、推进科学发展、建设服务型政府探索经验和提供示范。

很显然，大部制改革只是顺德综合改革试验的一项内容。广东高层希望顺德政治经济生态整体"进化"，城乡改革一体化推进。目的是：实践科学发展观，改良上层建筑，进一步解放生产力。

于是，作为顺德综合改革试验的另一个成果，容桂新政脱颖而出。

2009年11月9日，顺德综合改革试验启动两个月后，容桂街道"简政强镇"事权改革试点工作启动。

"简政强镇"，是省委书记汪洋定的调子。容桂要改出个新气象，趟一条新路，给全省镇级行政管理体制改革做榜样。

就在容桂试点工作启动的同时，媒体向顺德官员抛出了一个问题：为什么选容桂？

时任顺德区委书记刘海回答媒体："之所以选择容桂作为试点，是因为容桂的经济总量全区最大，但进一步发展碰到的问题和体制制约也最突出。"官员看中的是容桂的典型意义，把重担压到容桂身上，是直面问题。

容桂"主官"列海坚也道出自己的心声：容桂在率先发展的同时，也率先遇到经济社会深层次的矛盾，科学发展受到体制约束，传统发展模式遇到瓶颈，使城市发展空间受限，经济发展质量难以提高，规划引领不明显，城乡发展不均衡等，必须在率先改革中解决这些问题。

显然，在这位"主官"的眼里，容桂渴望改革，期待这样的试点。后来，列海坚被媒体称为容桂新政的"操盘手"。

第三章

容桂加减法

◆ 第一节 给大部制接上地气

◆ 第二节 “搬不动的村主任”：换个思维，各就各位

◆ 第三节 一条社会管理的新路子——容桂模式

◆ 第四节 给政府聘员一个“职业生涯”

人们喜欢以加减法看机构改革。这样看，大部制改革是合并同类项，是减法。那么容桂新政呢，是加了，还是减了？

今天我们知道，在容桂新政中有减有加，有时一个新举措出来，这面看是加，那面看就是减。甚至在某些方面，如果你愿意，可以称其为乘法、除法。

其实，加减法只是个比喻，真实的改革远不止这么简单。改到深处是利益，涉及利益，当然不简单。好在顺德人早就习惯了改革，改革开放30多年来，顺德人就是这么一路改过来的。列海坚说：在我们看来，变是永远的不变。

实际上，在2009年11月之前，在容桂新政酝酿过程中，列海坚和他的同事们一直在求解这道考题。

那个时候，江浙的乡镇改革已试点了。省委书记汪洋建议广东的试点镇去江浙看一看、学一学。于是，佛山主要领导带队，容桂也在其中。

江浙归来，总结一下成果，有点失望。为什么？时任佛山市委书记林元和说：

“回来后，结合佛山实际情况，我们发现与江浙一带的区别，比如江浙一带是强调乡镇要发展、要做大做强，而在培育强镇的过程中，感觉其事权不配套，所以他们是以扩权为先促进其发展。因此称扩权强镇。而佛山不缺‘强镇’，容桂、狮山等在

全国都是名镇（街），但科级建制阻碍了其发展，与解决庞大的经济发展，社会管理、公共服务、基础设施的建设等方面事务所需要机制体制不适应。”

而列海坚看到的是彼此间的强弱项不同：

“江浙是以县域经济为主，我们是以镇域经济为主，所以他们正在组织一些‘并镇’的行为，在体制上给予镇更大的权力，让镇做大做强。而这个过程我们在早些年就已经完成了。因为发展阶段不一样，所以江浙的做法对我们的参考价值不大。”

的确，两个三角洲经济有很多差异。去了一趟江浙，开了一些眼界，但并没有找到一个现成的参照，只好另想辙。既然没有现成模式可学，那就放开视野，哪个地方某一项工作做得好，就去学习考察，取长补短。他们先后去了香港、上海和深圳。同时，容桂人也深切地认识到，只有找准、瞄准自己的问题，才能拿出真正的改革方案。

容桂是在试点启动的同时，得到县级行政管理权限的。这是广东高层为容桂试点开绿灯。没有这个绿灯，容桂就改不动。此前的容桂街道办身份，算不上一级政府，只是顺德区政府的派出机构。

和大部制改革相比，容桂试点面临的是另一种难。

如果说大部制改革只是横向的变革，那么容桂试点面临的问题既有横向的，也有纵向的。这还只是就政府机构内部改革而言。加上在政社分离上的突破，在社会管理的探索，容桂改革面对的就是更多维度、更复杂的社会关系。

列海坚将其归纳为三种关系：一是上级政府与下级政府的权限关系，二是政府与社会的关系，三是政府与村民自治组织的关系。可以说，整个改革就是从理顺关系的角度铺展开来。

一场容桂特色的“加减法”大戏，在德胜河畔上演。

第一节
给大部制接上地气

大部制改革要想彻底转化为一种执行力，合并同类项只是第一步，向更基层的下移是题中应有之义。

在“顺德试验”中，后一项内容交给容桂试点。这其实是容桂改革的必答题，也是容桂新政的逻辑起点。

当然，容桂新政内容不止于此，还有一个面对全省的“身份”：广东简政强镇试点。简政强镇是省委书记汪洋给这一级试点出的“考题”。这就是说，从一开始，容桂新政就在广东高层的视野之中，备受省内同僚的关注。

1. 对接大部制，重新设置新部门

2009年11月9日，容桂街道“简政强镇”事权改革试点工作动员大会召开，意味着容桂改革正式启动，时间表是：2010年上半年基本完成。

省里的精神是，这一步的要点是放权。放权，还有一种提法是扩权，其实是两个角度、一个意思，即把众多事权从区级下放到街道，这样街道层面的权力就扩大了。

容桂的方案中表述了一个原则：“宏观决策权上移，微观管理权下放。”

列海坚后来解释：“这次扩权所涉及的范围，我的理解是能够贴近和服务老百姓的执行权力都下放，但如宏观决策、综合协调，监督权力，我们都上交到区里。”

于是，容桂原有的街道规划、跨镇交通建设等权限都上交顺德区，将街道更多的精力专注在贴近市民、贴近企业的微观管理和服务上。

2009年11月9日当天，容桂公布新的街道办机构设置方案，新设部门统一挂牌亮相。

街道这一级的政府机构设置，既要对接区级大部门体制，又要结合街道这一级实际的行政职能，最终实现“同类合并、上下对接、权责一致”。于是，原有的28个部门整合为11个机构和2个分局。这一设置并不是将区级大部制原样照搬。顺德区级部门为16个，而容桂的部门只有13个。13个机构的正职由街道党工委副书记、党工委委员和办事处副主任兼任，确保党务、政务决策和管理的扁平化。

其中，街道内设机构5个：党工委办公室、监察和审计办公室、组织工作办公室、维稳和综合治理委员会办公室及财政办公室；直属机构6个：经济促进局、宣教文体局、社会工作局、人力资源和社会保障局、城市建设局、卫生和人口计划生育局；另设区环境运输和城市管理局容桂分局、区市场安全监管局容桂分局。

而在改革前，容桂街道办有28个部门：

党政人大办、组织纪检办、宣教文卫办、居村工作办、经济发展办、城市建设管理办、社会工作办、计划生育办、维稳及社会综治办、安监办、工商分局、执法分局、国土所、房产管理所、规划办、司法所、监察室、财政所、教育组、交管所、劳管所、水利所、结算中心、环保办、金融办、拆迁办、体育中心、文化站。

如果再仔细对比顺德区级部门设置，就会发现容桂与其的区别。

区级的政法委，在容桂变成了维稳综治信访办公室，区委宣传部和区教育局，在容桂合成了宣教文体局。同时，容桂街道不再设规划、司法等部门，将原有区发展规划和统计局容桂规划报建所、区国土城建和水利局容桂国土房产管理都所划入城市建设局，区司法局容桂司法所划入维稳综治信访办公室。

不仅如此，原来垂直管理的部门都进行属地化管理。与区级政府对应设置的区环境运输和城市管理局容桂分局、区市场安全监管局容桂分局实行双重领导体制，以街道领导为主。也就是说，其日常管理、人事任免和绩效考核由街道负责，区级职能部门只是行业指导，人员和业务经费由区财政直接划拨到街道办事处。而在此之前，街道对这些垂直部门的人财物并没有处置权，也没有监管权。

机构的重新设置是第一步，接下来就要进行权力的承接。“简政强镇”改革的重点之一就是事权改革，将经济社会的管理权力下放到镇街一级，解决“人大衫小”的问题。

所谓事权，指的是行政机关按照相关法律法规进行行政事务管理的权力，与财权、人权相对。在这次容桂试点的事权改革中，“人随事走，费随事转”，顺德区在给容桂下放事权的同时，配套相应的人员和经费。

2009年12月1日，顺德将第一批区级行政审批、处罚和日常管理权限共316项正式下放容桂。

这316项权限集中在组织人事管理权、发展权、管理权、服务权等，涉及区级12个部门，过半权限与市场监管、城市管理、社会管理有关。

放权之后，容桂在人事行政方面拥有了自主权和灵活性。街道可以自行组织事业单位人员、机关聘员的招考录用；可以进行事业单位的增设、撤销、合并的审批；街道工作机构的正职任免审批，同样能够自己说了算。

市场监管、城市管理权限是下放权限中的大头——167项权限，侧重行政执法和行政许可。比如，在市场监管方面，容桂拥有了注册资本500万元以下内资企业的登记注册权，而且审批程序简化，企业由此受益。而以前，这个权限只对注册资本在100万元以内的企业有效。

在城市管理上，容桂拥有了更多执法权，尤其是涉及民生的工作。容桂在环境保护、道路运政、市容环卫管理、城乡规划管理等方面都具有了行政处罚的权限，这对于打击违规排污企业、非法营运车辆、违章建筑等将更有力。另外，在城市街道两侧和公共场所设置商亭、固定摊点、大排档审批事项也下放到容桂，这将有利于解决居民区办餐饮等扰民现象。

2. 扩权了，怎么快速转化为执行力

在容桂试点中，区级首批下放的事权就有316项，而最终要下放的总量

是3197项。这就意味着，以往没有这些权力经验的容桂街道办一下子“大权在握”。

坊间曾流传一句话描述以前街道办的尴尬处境：看得见的管不着，管得着的看不见。这一次的千项放权，显然会让容桂街道办不再是一个派出机构，不再只是“眼线”。

然而，一下子有了这么多事权，要想快速转变为执行力，实在不是一件简单的事情。更何况，不可能为了改革，关门不办公，日常的事务不能停下来。这其间的工作协调量非常之大，要厘清的头绪非常之多。而将原有的工作人员一下子“装”到新体制里，也会出现一系列的新问题。要迅速解决这些新问题，才能让放权后的“威力”快速发挥出来。

一个非常具体的问题摆在面前：每个职能部门都是由原来的几个部门组成，原部门的工作人员只熟悉自己的一摊子业务，对新并入的业务并不熟悉。以往的“成手”一下子都变成了“生手”，变成了“新人”。这就给具体工作带来种种困扰。实际上，在最初的时候，怎么开展工作都成了问题。

这样的情况非常普遍。

“不要说工作内容、工作方法不一样，就连原来我们各自使用的文书格式都不同。大家合并到一个部门之后，按照谁的规矩来做事，一开始都是问题。”容桂市场安全监管局办公室主任赵丽芬说，当他们把办公桌搬到一起时，发现问题才刚刚开始。

容桂市场安全监管局，整合了原工商、质监、安监三个局的职责，同时合并了原来卫生系统的食品安全卫生许可和餐饮业等消费环节食品安全监管、原文体办的文体许可及文化综合执法、原农业系统的农业市场监管、原经贸系统的旅游市场监管和生猪屠宰管理等职责。

重新归置后，该局设了“一办五股”：办公室、登记管理股、安全生产监管股、市场安全监管股、农产品监管股和综合执法股。于是，每一个股室面临的都是“综合任务”，如何让工作人员尽快进入角色，熟悉新的业务，就成了一个大问题。

别说人员要整合，就连投诉电话号码都要整合。该局成立咨询申诉举报中心，整合了原工商12315、质监12365、食品安全、安全生产隐患等举报投诉专线。为方便群众，原来各自系统的投诉电话依然有效，可以拨打，但是背后的处理平台只有一个。这一个平台如何应付不同的投诉，也是个新挑战。

这样的问题，对于容桂环境运输和城市管理局同样存在。这个有着长长名字的部门，是由原来的环保、交通、城管、市政、水政和环卫六个部门合并的。如何让原来六个“脑袋”指挥的队伍，形成一股合力，是这个机构成立后面临的头号问题。

改革的初期往往如此，体制变了，职能多了，要求也自然变高了。既然问题已经摆在面前，那就见招拆招。最终的解决，可谓“各村有各村的高招”。

再说那两个局。

市场监管局是容桂接收下放权限最多的部门，如今拥有了39类3000多个细项的行政处置权，这些处置权涉及了600多部法规。执法股只有14人，分成3个执法队，但执法内容不分类，都是综合执法，也就是说每个人都要熟悉这600多部法规。对谁来说，这都是一个天大的挑战。胡常青是执法股股长，他说新机构成立后，他们天天开展业务学习，甚至互相帮教，但是依然不可能在短时间内解决问题。经济执法要求适用法律严谨，这怎么办？

他们想到了借助技术手段——开发执法系统软件，将所有相关法律法规、适用行为甚至执法文书都纳入软件之中，做到能够随时搜索、翻查、调用。这样一来，执法队到企业执法时，现场就能通过手提电脑调用法规，甚至一并开出执法文书。这样一来，不仅解决了法律整合这个大难题，而且提高了执法效率。

而环境运输和城市管理局所面临的情形却不太一样。该局同样有执法任务，也得面对179部适用法规的整合问题。但是该局的执法队伍大多要到街道上，面对流动摊贩等个体群众，需要执法的协调与灵活。于是该局将原来从事不同执法内容的人员“混编”，各有所长，外出执法时能够互补长短。同时该局专门设立了法制股，由其进行法规整合的调研，并加大执法队的法规培训强度。

这样一来，容桂的新体制经过磨合，正常运转了。

新体制所产生的化学反应很快见效。

食品安全是群众最为关心的问题。过去，“七八个大盖帽管不好一头猪”，因为食品安全过去是“分段而治”。以“瘦肉精”的管理为例，从生产到端上餐桌，需要经过7个环节，即瘦肉精生产、饲料生产、饲料添加剂、生猪养殖、生猪收购、屠宰、销售，这些环节由6个部门，即药监、工商、农业、经贸、质监、卫生、食品交叉管理。因为分段，各自执法，结果谁能难负责。

而现在，生产、加工、流通、餐饮等所有环节都纳入了市场监管局，出了问题，一个部门背责任。责任清晰，管理也就更有压力，更见成效。对于群众而言，以前要投诉消费品质量时不知道该找哪个部门，因为质监管生产质量，工商管流通环节，现在只要觉得商品质量有问题，就打一个电话，一追到底。

对于容桂的企业来说，新体制给他们带来的好处是切身的。

容桂的一个加油站老板说：“以往是卫生、食品、质监、安监、工商，每个局都来检查一次，现在市场安全监管局一趟就搞掂了！对比以前一项一项地检查，现在的综合检查实在方便！”市场监管局的执法人员坦率地说，以前各部门分类检查，确实有些扰民，检查内容多，一个商家差不多前后要应付半个月。现在，执法人员前来巡查，分工合作，不到半个小时就完成了各项检查，既节约了行政成本，也给商家带来方便。

3. 搬走一个“电镀城”

改革启动后，容桂街道手执环保执法权，仅用3个月时间，打赢了一场“污染攻坚战”——铲除一座已存在15年之久的电镀城。

容里电镀城是容桂的一个“老大难”。该城1995年投入使用，到2009年电镀城内有12家电镀企业。由于使用时间过长，大部分电镀企业的废水收集管道已严重腐蚀，部分未经处理的废水直接渗入地下，或渗到河涌，对地下水源和周边环境污染极大。电镀城附近两条河涌水质中的铬和PH值长期处于严重超标状态。不但水污染，电镀企业配套的废气处理设施也残旧破损，不能有效收集处理酸雾，电镀城周围的空气充满呛鼻的异味。

2009年12月，广东省环保厅开展重金属污染企业专项督察，在“重金属污染企业专项督察名单”上，容里电镀城的数家企业被“挂了号”。而居民关于容里电镀城的污染投诉，时常出现在容桂的政务论坛网里。

电镀业乃至容里电镀城的存在，是容桂的一个历史问题。

电镀业伴随家电产业而兴，容桂是家电之乡，而容里电镀城是顺德最早的电镀集中区。然而，随着电镀业的利润微薄，企业不愿过多投入环保设施，高耗能、高污染问题更加突出。在容里电镀城，电镀约1000个铭牌的加工费仅50元，而产生的电镀废水却达3吨左右，因处理费用高，不少企业偷排废水。配备一个酸雾处理系统需要几十万元，于是更多电镀企业没有建封闭式厂房，直接将酸气排到空气中。

容里电镀城靠近广珠轻轨，轻轨的水泥桩基距离容里电镀城仅有50米。为防止酸性废水腐蚀桩基，容桂街道曾出资100万元修了绕城一周的排污渠，但也只是临时措施，治标不治本。

其实，容里电镀城早已进入环保部门的视野。

早在2009年9月，顺德区环保部门向顺德区政府递交报告，提出已经多次与电镀城业主天富来公司及各电镀企业沟通，责成各电镀企业自行完成对排污设施的整改。后来，顺德区环保部门又建议该电镀城异地重建或直接关闭。

要关闭一个电镀城，谈何容易！一方面，这背后有着众多的利益博弈，另一方面，当时的容桂街道并没有环保执法权。而容桂改革的启动，给这一场治污战带来了转机。

拥有了环保执法权的容桂街道，把关闭容桂电镀厂列为一项重要工作。

2010年1月，新成立的区环境运输和城市管理局容桂分局（以下称容桂环运局），将容里电镀城纳入重点监察。该局集中所有执法力量，通过暗访、抽查、现场检验等等措施，查明容里电镀城的废水处理站仍然存在严重问题：电镀污泥属危险废物，未进行正常处理；电镀废水流入眉蕉河等等。

有监察结果在手，容桂街道做出处理决定。时任容桂街道办主任赖雪晖说："对严重污染环境、备受各方关注的容里电镀城，经过深入调研已制定关停方案，将在近期依法依规予以处理"。

1月20日，容桂环运局发出通告，要求容里电镀城内的12家电镀厂在1月31日前自行停业。随后，1月26日，该分局对每间电镀厂发出停业通知书，要求电镀厂先行停业，等候处理。

就在通知发出的第二天，1月27日凌晨6时，该分局伏查的执法队员，还在容桂海景半岛后堤围，现场抓获了正在偷倒电镀污泥的两辆可疑车辆。

停业通知发出后，由于停业可能引发劳资纠纷、企业资产处理、危险化学品处理等问题，容桂街道与电镀城企业主进行磋商。环保部门决定延长3个月宽限期——到4月30日前，给电镀企业有时间处理订单、债务等问题，并成立容里电镀城维稳领导小组，对相关企业主进行一对一、面对面的沟通与宣传。

与此同时，该局并没有停止监察力度。2月1日、3日、4日、7日，容桂环运局又在现场查获电镀城内废水处理站偷排废水。2月9日，容桂分局对容里电镀城废水处理站依法发出《限期治理事先告知书》，限其15日内治理。

在一道又一道措施的力促下，到4月30日的截止时间时，12家电镀企业已经遵守承诺停产，绝大多数电镀厂已搬迁完毕，工人陆续撤离。一位电镀工人告诉媒体，搬离后的具体去向虽不明确，但听老板说要对设备进行改良，"虽然搬迁与停产影响了我们的收入，但老板如果因此改善排污设施，对我们的健康却是一件大好事。"

就在一切即将大功告成的时候，意想不到的事情来了。

3家电镀企业一纸诉状，把容桂环运局及顺德环境运输和城市管理局告上法庭，状告的理由恰恰是：容桂街道办越权，不具有行政处罚权限。

2010年5月14日，该案在顺德法院开庭。

容桂康山电镀公司等三家企业认为容桂环运局所发关停通知书，有行政程序不当、行政行为越权等违法行为。其律师认为，容桂街道办相关部门并不具备相应执法权，行政处罚权限不足，无权做出行政处罚，要求容桂环运局的上级部门撤销关于电镀城停产和关闭两项通知。

在答辩状中，容桂环运局的律师则表示，容桂相关部门对容里电镀城企业排污事实认定非常充分，其对周围群众生命健康安全构成严重威胁。同时，容桂大部制改革后，容桂街道具有县级制人民政府权力，故关停通知不存在行政越权的问题。

此官司环运局败诉，现正争取调解。但无论怎样，均值得一书，体现改革之艰难！

2011年1月，容桂街道办2010年度的总结大会上，赖雪晖说："针对容里电镀城长期存在偷排、偷倒电镀污泥、重金属超标等严重违规违法行为，我们克服了重重困难，通过蹲点调查取证、媒体曝光、宣传教育、限期停业、专家鉴定评审等一系列行之有效的措施，成功关闭容里电镀城的12间电镀厂，还市民一个干净清新、安全健康的生活环境。"

在后来接受媒体采访时，列海坚说，以前由于街道一级没有环保执法权，遇到百姓投诉的环保问题，往往无力解决。大部制改革把环保执法权下放到镇街后，仅用3个月时间，容桂街道就打赢了一场"污染攻坚战"——铲除了一座已存在15年之久的电镀城。

第二节
“搬不动的村主任”：政社分离，各归各位

如果说扩权是自上而下的命题，那么在当初上交的改革方案中，容桂提出了两个“自选动作”——政社分离和社会管理创新。后者，我们将在下一节中专谈。

政社分离是个老话题，本义是政府不再是千手观音，不再全能职责，让社会各类角色合理分化，还原各类社会组织应有的地位和功能。一言以蔽之，各归各位。

发生在容桂新政中的政社分离，有具体所指。

容桂的同志在交流时总是强调：“我们是基层。”基层的事务有两类，一类是行政事务，一类社区事务。容桂改革中的政社分离，是就这两类事务而言的村（居）政社分离，正式的表述是：“实现政府治理和基层自治的相对分离、良性互动和有效衔接。”

容桂为什么会提出这个“自选动作”呢？

1. 一个异常敏感的问题

有政治经验的人知道，把政社分离作为改革主项之一，就说明现实的情况是相反的，至少没有完全分离。2009年11月之前，在容桂的村委会层面上，行政事务和社区事务在机制上是没有分离的。

容桂和全国一样，早已实现了村民直选和村委会的自治。那么问题出在哪里？

真实的情况是，自治后的村委会扮演了两个角色：村民自治组织和政

府代理人。前一个角色是法律赋予的，也是现代村委会的根本；后一个角色则是惯性沿袭，基层的行政事务也完全依赖村委会开展和执行。

其实，这并不是容桂所特有的，全国各地都是如此。为什么会这样？

在《村民委员会组织法》颁布之前，当时的村级组织是政社合一的，扮演行政角色。等到村民直选、自治之后，这一行政角色并没有改变，一直沿袭到现在的村委会身上。

村委会的“双角色”引发了许多新矛盾、新问题、新纠葛。理论界早就对此高度关注，热议不绝。让村委会“去行政化”，成为许多专家学者的主张。他们列举大量事实，说明“行政化”弱化了村委会的自治角色，并带来一系列负面效应。

村民自治在其实际运行中产生了明显的行政化倾向，承担着大量不能给村民和社区带来直接收益的事务。这些事务实质上是国家政权建设和现代化建设的一部分，其成本却由村民来承担，由此导致了激烈的干群冲突。

（摘自《村民自治的行政化与国家政权建设》，作者：彭大鹏）

我们在容桂的探访中发现，在这个问题上，容桂有容桂的情况。或者说，村委会“双角色”在容桂的表现，代表的是珠江三角洲乃至经济发达地区的普遍问题。

列海坚当过“村官”，他对这种“双角色”问题的负面效应有切肤之感。

他说：“《村民组织法》出台后，这几年民选的‘村官’，有一些没有参加过政府的管理工作，不懂行政管理；也有一部分为了个人目的出来参选，当选后很多工作出于私利的考虑；还有一些本来是我们系统内的干部当选，但是工作时间长了，惰性也出来了，群众委托他干的事情他也没干好，还出现一些灰色地带，比如谋私利等等。”

在容桂，村委会“双角色”的问题，已严重影响到农村行政事务的正常开展。很多政府的工作还需要村级来做，重点项目征地、拆迁、计划生育、征兵等等，一大堆政府的延伸职能要深入到村一级。有些村委会干部把这些工作搁置一边——反正我不是政府任命的，我才不干。所以有些地方的政府治理就延伸不下去，或者村一级阳奉阴违，没有实效。

而作为镇街政府，容桂街道办对于村委会主任监督手段有限。原因很简单，村委会主任是由村民直选的，在法律上只对村民负责，不对政府负责。所以，街道办对村委会主任无可奈何。列海坚说了一个形象的比喻："搬不动的村主任"。

一个事例反映了村委会"双角色"的纠葛。

容桂有一个村民，一路投诉到国土资源部，投诉的内容是：他的宅基地一直拿不到政府审批的土地证，报建不了，建不了房。

这一情况反馈下来，到了容桂街道办。谁知，调查来调查去，根本没有发现这位村民的报建文件，这意味着这位村民没有提交过报建申请，根本涉及不到政府审批的层面。

一方面是一路投诉到国土资源部，另一方面街道办根本没收到报建申请，问题究竟出在哪儿?

于是，街道办找到了这个村的村委会主任。村委会主任的回答令人大吃一惊："我一直都没给他报建。"这就是说，那位村民的报建申请被村委会扣下了，根本就没上报。

为什么要扣下？村委会主任的理由"很充分"：这个村民一直拖欠村集体的鱼塘承包款。村主任的逻辑是，你没有交租金，欠村集体的钱，我就不给你报建。

宅基地的报建申请是行政事务。拖欠集体经济的鱼塘承包款是社区事务。这位村委会主任把两件事掺和在了一起，解决村集体的具体问题，因为这样有效。但结果是：这个村民报建不成，自然怨政府，客观上政府的信用严重受损。

这种"两掺"现象非常普遍。在很多村里，如果村民拖欠村集体经济的钱，结婚证都不给你盖章。

在列海坚看来，这位村主任的管理手段很传统，而那位村民的诉求是合法的。这只能说明，过去的那种管理体制有问题了。村集体经济的权利与村民的个体权利是相互独立的，在如今的民主法治社会中是不能混淆的。

村委会的“双角色”，以及衍生出的“两掺”做法，导致很多矛盾，引发农村基层的不稳定。列海坚说：“如果这些矛盾不解决，随着选举文化的深入，这些问题会一直纠葛下去。”

村委会的“双角色”问题还表现在很多方面。

现实中，村官经常过度使用这些权力。在村官的角度，他是为了村的集体利益，若收不到租金，集体经济就无法分红，无法向其他村民交代，交代不了他就难以在下一届村委会选举中当选。

也有些村官打着村集体的名义违法用地，对村民说是上级政府批准他干的，为了增加集体收入。村民以为村官是政府官员，肯定是政府授意的。但是问题查下去，发现根本没有人批准他这样干。改革前，容桂每年新增的违法用地都是几百上千亩。村集体搞违法用地，也给农民支付租金，但是价格不公开，搞差价，低价从农民手里拿地，再高价转给别人。对上欺瞒，对下糊弄，这都不是个别现象。

站在村民的角度，村民许多合法权利，也往往被卡在村委会这一层。很多村民上访，总是以为政府在阻挠、不作为，其实是村委会这一级欺上瞒下。甚至有些村官不给村民办事，就一个原因：当初选举时你没投我票，我现在就不给你办事。

还是在做副镇长的时候，列海坚本人就有过一次“遭遇”。有个村要进行集体土地的用地规划。此时的列海坚分管城建，带着国土规划部门的十几个工作人员赶到这个村。本来约好下午两点半，但村主任迟迟不见人影。等到终于来了，村主任一身酒气，进门就拍桌子：我们这个地方，谁说了算？这里的地是我的，我爱怎么用就怎么用，爱搞工业就工业，爱搞农业就农业，轮不到你们指手画脚。工作人员解释：农保区是国家有规定的，要按政策办。没想到，村主任接茬：这个地方我管，我说怎么规定就怎么规定。结果，双方不欢而散。

实际上，村委会擅自卖地、出租、改变集体土地的用途，都是违法的。而大量的农村违法用地由此而产生。村委会主任挟持“自治”，顶着干，基层政府的正常行政统不下去。“搬不动的村主任”，成了基层行政的大难题。

村委会“双角色”及其衍生的一系列问题，已经到了不得不正视的地步。改变这一状况，理顺农村基层行政关系，成了容桂新政必然的选择。

2. 政社分离的“容桂方案”

问题出在村委会的“双角色”上，但解决起来却没有那么简单。

政社分离，就是让村委会不再打理行政事务。单单这一点，推行起来就有难度，人们接受起来，需要时间，需要过程。

更难的是，分离之后怎么办？这可是牵一发动全身的问题。村委会“双角色”现象存在这么多年，没有改变，原因就在这里。虽处最基层，但村级的各种关系错综复杂。分离之后，如果不能有效地理顺关系，确立新秩序，搞不好就捅了马蜂窝。

改革需要系统思维，胆量、魄力必不可少，洞察实情、对症下药尤为重要，而配套措施是否到位，则直接影响改革成败。

2010年7月，容桂出台一份文件，题目是《进一步厘清政社关系深化社区（村）公共事务管理体制改革试行办法》。此时，容桂政社分离的试点工作已进行了半年。

这份文件是容桂政社分离的“行动纲领”，系统表述了改革思路、措施和具体做法。文件内容传递出来的新思维、新经验，显然对国内其他地方解决同类问题，具有重要的借鉴和参照意义。

有人称其为基层政社分离的“容桂方案”。

容桂方案的前提是厘清政社关系，即基层公共事务分为行政事务和社区（村）事务。这就让此后的改革建立在一个清晰的逻辑上。

把行政事务从村委会分离出来之后，怎么办？

容桂的做法是，建立社区（村）市民服务中心。这个服务中心都做什么呢？有5项职能：

(1) 承办政府各工作部门委托的人口户籍、社会治安、流动人口和出租屋综合管理服务、市场安全监管、维稳综治、城管建设、国土规划、计划生育、环境卫生、民政救济、征兵优抚、劳动就业、文体科教、法制宣传、工会组织、共青团、妇儿维权以及政府交办的其他工作；

(2) 支持配合居（村）委会依法自治；

(3) 支持社会力量开展便民利民的社区（村）服务，发挥社会组织在推进社区（村）工作中的重要作用；

(4) 协助居（村）委会处理各项社区（村）公共事务；

(5) 协助居（村）民和辖区各类组织、单位办理由上级政府及职能部门审批或备案的各项事务。

这样一来，服务中心就成了政府在社区（村）的延伸机构和服务平台，承担全部行政事务和街道办交办的工作。在机构设置上，服务中心向街道社会工作局汇报，后者负责协调。

那么，分离后的村委会干什么呢？依法履行自治范围内的事项，不再直接承担行政管理工作，具体职责包括：

(1) 宣传宪法、法律、法规和国家的政策，维护居（村）民的合法权益，教育居民依法履行义务，爱护公共财产，开展多种形式的社会主义精神文明建设活动；

(2) 办理本居住地区居（村）民的公共事务和公益事业，包括经营管理居（村）级集体经济、发展慈善互助组织等；

(3) 调解民间纠纷；

(4) 协助维护社会治安；

(5) 向政府反映居民的意见、要求，提出建议；

(6) 协助所在社区（村）市民服务中心开展工作。

职责确定后，紧接着，就是厘清基层主要关系，也就是新成立的服务中心和原有的党组织、村委会三者的关系。理顺这三者关系至关重要。设立服务中心，并不是培植“第三种势力”。这一点，充分体现在方案设计者的初衷和后来的实践中。

在“容桂方案”中，这三者关系的具体表述是：

社区（村）党组织、社区（村）市民服务中心在街道党工委、办事处的领导下开展工作，接受街道党工委、办事处的管理和监督，社区（村）市民服务中心党务工作实行属地管理。

社区（村）党组织是社区（村）其他组织和社区（村）工作的领导核心。居（村）委会在社区（村）党组织的领导下依法开展居（村）民自治活动，办理社区（村）自治事务，向社区（村）市民服务中心反映社情民意。社区（村）市民服务中心协助居（村）委会开展自治工作，接受居（村）委会的监督评议。社区（村）市民服务中心负责落实上级各项社区（村）公共服务，以满足居（村）民的社区服务需求为目的，实现政府治理和基层自治的相对分离、良性互动和有效衔接。

方案实施以来，村党支部书记或村委会主任被聘为服务中心主任的事情，屡见不鲜，甚至出现一人跨三职。很显然，服务中心的创立，只是为了实现由街道办到村级的行政一体化，提高行政效率，便民利民。

服务中心主任是合同制的，由街道直接聘用，工作做不好，没达到合同要求，无论是谁，都可以解聘。这就意味着，村委会主任可以竞聘服务中心主任，但如果处理不好行政事务，也要被解聘。

这样一来，服务中心就可以直接面对村民，许多以前要经过居（村）委会转交的行政事务，现在都可以在市民服务中心“一站式”办理。

厘清政社关系，以及服务中心、村委会和村党支部三者职责，只是开始。“容桂方案”对服务中心管理制度的规定，都是在可操作层面上实现的。方案设计者显然希望达到一看即懂、便于执行的效果。

服务中心工作人员全部纳入政府聘员体系，由街道公共事务服务中心统一聘任，并推行工作人员问责制。工作人员既接受所在中心的管理和考核，同时也接受街道有关职能部门的业务管理和考核，并接受所在社区（村）市民的评议。

“容桂方案”还强调，凡是存在侵占集体利益、组织兴建违章建筑等违法违规行为的人员，不能受聘到社区（村）行政服务中心。此举旨在“过滤”队伍，从而提高工作人员的公众威信，提高服务中心的执政力。

改革后，无论谁当选基层的“两委”成员（“两委”指村委会和村党委会），都不能直接行使行政管理权限，只有通过街道政府的“体检”，受聘到服务中心，才能从事行政管理工作。而且一旦在工作中违法违纪，随时可以解聘，终止其行使行政权力。

这样一来，政府在村居开展的所有行政服务，将不再受换届选举因素的影响。进入服务中心的“两委”成员，因为有被解聘、“丢位子”的压力，也不敢轻易犯错。此举有效地稳定了基层行政服务的质量。

在“容桂方案”中，改革者着意建立协同治理机制，实现政府行政管理和村居自治的良性互动。

政府依法加强对村委会工作和村集体经济组织的指导、支持和监督，扩大基层群众自治范围，充分发挥基层自治组织功能。

当村居“两委”成员因工作分工问题存在分歧的，应协商解决，协商不成的，除法律另有规定外，由村民代表大会表决决定。

同时，方案还致力于创新基层党建新模式，吸收热心村居事务的党员进入村党组织班子，成为村党组织非专职委员，扩大党组织的代表性，增强党组织在基层工作中的战斗力。

那么，改革后容桂街道办将扮演什么样的角色呢？

改革后的容桂街道，将统筹村居基层行政事务的管理费用，街道财政对社区（村）行政服务中心人员工资待遇、行政经费、公共服务、基础设施建设等实行全覆盖；进而推进基本公共服务均等化，改变公共财政的支出结构，将更多财政资金和公共资源投向基层，

实际上，在方案实行的过程中，尽管服务中心为居民办事提供了极大的便利，但来自基层的疑虑也一直没有停止过。一些村居干部担心，改革后村居的环卫、绿化等基础设施建设和公共服务成本，可能被转嫁给村居委会，而服务中心只负责“办事”而已。

针对这一点，容桂街道办表示，在改革推进中，政府统筹保障是第一要务。目前，由于容桂街道统筹了基层行政事务的管理费用，对基础设施建设、环境卫生等公共服务实行全覆盖，大大减轻了村集体的负担，有利于解决原来穷村、富村发展不平衡、地区差距拉大等问题，加快了基本公

共服务均等化的脚步。

不仅如此，容桂将每年投入社区建设的经费增加至5000万元，逐步加大对村居的市政设施建设、社会事业、环境卫生、城市综合管理等的统筹力度，提高社会福利水平，让所有人共享改革发展的成果。

3. 苦口婆心的“路演”

方案制定得再详细、再理性，触及现实的时候，反应都是不一样的。就在容桂提出政社分离概念的同时，改革的压力和阻力，迎面击来。

首当其冲的，是不理解——为什么要改？

要知道，村委会的运行方式已经沿袭多年，上上下下都已习惯了。更何况，1992年的顺德改革就曾建构了一整套农村管理制度，容桂现在却要颠覆重来。有老领导提醒列海坚：这样做，风险很大啊！你把村务剥离出来，村务这一块你不管了，可能以后农村的问题会更混乱。说得严重的，甚至说党在农村的执政能力都会因此受影响。

改革前，为“推销”政社分离的理念，列海坚到村委会“路演”。

在一个试点村，列海坚说了大半天，村委会干部还是不明白：改革之后，那我们村委会干什么？终于，一位妇女主任站起来说：列书记，我明白了，你搞的这一套就是要把我们村委会变成业主委员会，自己管自己。列海坚长舒一口气：“对了，就是这个意思。”

于是，在容桂改革中，“业主委员会”成了一个特定名词，人们都以此来比喻改革后的村委会角色。那政府的服务中心呢，就是为“业主”和“业主委员会”服务的机构。

理解概念只是第一步，改革真正的阻力在于利益。

把行政事务剥离出来，最直接的影响就是，村委会干部从此没有行政权力了。要知道，行政权力在手，就意味着很多潜在资源、行动空间。以前，很多村委会的违法用地等等，都是以此作“挡箭牌”的。这一块剥离后，原来偷偷摸摸“搞小动作”的空间没有了。而另一面，村民自治组织的财产是村民的，村委会干部轻易不能碰，动一动都要经过村民代表大会。这样一来，没有了“自留地”，权力受损，村委会干部的意见当然很大。

让很多人意外的是，抵触最大的是那些问题最少、管理最稳的村。

这些村的村委会主任大多还是村里党支书，有威信，说话有分量，在当地拥有很大支配权。“我们现在管理得很好啊，为什么非要我们剥离开呢？”他们不解。

还有些村委会干部另有顾虑。他们担心，剥离后自己进了行政服务中心，会在村委会选举中受影响。“村民会以为我们已经在政府工作了，以后村委会你们就别干了，选举就不选我们了。”有的村干部甚至向街道要求，希望不要宣传政社分离这件事。有的村连服务中心的招牌都不敢挂，放在角落里。

不是身在其中，你可能琢磨不到这些心思，感受不到这些压力。但这些，却是容桂改革中时时处处碰触到的实际，绕不开，躲不掉。

4. 试点之中再试点：找一个“问题村”先开刀

既然阻力这么大，改革怎么推进？

容桂的改革者决定：那就先试点，做个样子给大家看看。容桂本身已是改革试点，试点之中再试点，这是一种非常审慎的做法。毕竟，农村问题的影响面太大了。

找谁来当试点呢？这也是一种策略。

有人推举了一个村居，这个村居既没有集体经济，也没有发展用地，矛盾少，利益冲突小。建议者说，在这里进行政社分离，肯定没问题，今天一挂牌，明天就可以剥离，不会有反对意见。

这个建议却没被采纳。列海坚解释说：“这样的试点，一点实践意义都没有。”但如果找管理最好的村试点，肯定阻力大，也不明智。怎么办？

容桂最终选择华口村——一个矛盾最突出、管理最乱的村。原因是：乱的地方容易“下刀子”。

刘映南到华口上任时，已经是华口的第三任市民服务中心主任，那是2010年6月。而半年前，2009年12月18日，容桂首个“政社分离”试点——华口社区市民服务中心正式挂牌成立。

说是华口社区，容桂人还是习惯将其称为华口村。

改革前，华口村矛盾突出，最典型的例子就是这个村有三套“人马”：党组织、村民自治组织、经济组织各有各的领导，完全不交叉。村民自治组织即村委会，经济组织是股份社。股份社是集体经济组织，1992年顺德综合改革后成立的，独立核算、自负盈亏、按股分红。在容桂，一个村往往有一个或以上的股份社，股民即村民。

在华口，三套“人马”是管理架构的表象，深层纠葛的是各种利益，由来已久。因为三个“班子”互不合作，政府的行政服务被搁置在一旁。村民的宅基地报建、土地纠纷等等无人处理，遗留问题越来越多，积怨越来越深。刘映南说，问题最严重的时候，华口村有6支上访队伍，从街道、区、市、省一直上访到北京。最牛的上访队有专车，有博客，整理了1.6万份上访资料。上访的核心问题是土地纠纷，有宅基地问题，有拆迁安置问题，有违法用地问题等等。

2009年12月，市民服务中心成立，街道直管，政社由此分离。中心成立后的第一步，是先将行政服务恢复起来。在这里，劳动争议有人处理，农村社保就近办妥，低保救济申请便捷。原来处在各种利益圈子纠葛中的村民们，办事理直气壮，再也不用看谁的脸色了。

这还不算，解决历史遗留问题才是根本。刘映南就是这时候被派驻华口的。不久，他在村支部换届选举中当选党支部书记。“五边地处理”是他解决的最棘手问题之一。

“五边地”是农村特有现象，指的是村民未经批准占用住宅周边土地或村中空地进行违章建筑、违法用地。“五边地”的性质属于股份社，是集体资产。本来就是违规行为，再加上有的村民占了，有的没占，有的占多了，有的占少了，种种纠纷因此而来。

2010年12月，华口第一份“村报”——《华口之声》，刊登的就是“五边地处理方案专题”。这份村报免费派发，送达村内每户家庭。在这期报纸上，我们看到了一份详详细细的专题：涉及的土地政策，存在问题，处理方案，群众疑问，政府答疑等等。在刊登的“各户五边地面积明细表”中，全村142171.47平方米“五边地”，每一户的面积明细，一一在册。报纸上还刊登了解决方案表决流程、举报电话、投诉电话。

完全透明的解决方案，开放畅通的沟通机制，交给村民自己核实的测量数据，由村民代表大会全权表决的解决程序，让村民们信服了。最终，“五边地”得到妥善解决。

华口村的历史遗留问题就这样一个一个地解开了“绳结”。2011年4月，在新一届村委会换届选举中，刘映南赢得了村民信任，高票当选村委会主任。此时，他身兼党支部书记、行政服务中心主任。

不仅华口村，政社分离之后，容桂村居换届选举的情形焕然一新。到2011年4月29日，容桂村居换届选举全部完成，放在以前，这是不可想象的。过去容桂村居改选矛盾众多，困难重重，有一年在广东全省10个重点督导的换届难点村中，容桂就占了3个。

而此前层出不穷的村集体违法用地问题也得到了根治。从2009年改革启动到现在，容桂没有新增一块违法用地。

如今这一切的顺利，原因只有一个：政社分离，各归各位，政府与村民自治组织的关系从此理顺。

第三节
一条社会管理的新路子
——容桂模式

容桂改革的另一个自选动作，是社会管理。如果说实现村居政社分离是用新思维解决老问题，那么在社会管理——这个当今中国的新课题上，容桂要趟出一片新天地。

社会管理创新说起来容易，做起来难。它涉及面广，影响度深，头绪繁多，环节复杂，是社会转型期的大课题，也是新挑战。解决这个问题，需要一个综合的视野，需要一个整体的意识，需要从机制、体系等基础入手，需要厘清和理顺复杂而琐碎的社会关系，而这就是容桂社会管理创新的基点。

2011年7月14日，广东省委书记汪洋到顺德专题调研。就在前一天，广东省委十届九次全会审议通过了《中共广东省委、广东省人民政府关于加强社会建设的决定》，强调加强社会建设，创新社会管理。

在容桂，汪洋专门考察了社会管理创新的成果：华口社区和伍威权庇护工场。前者在社区中引进社会组织，购买社会服务，完善社区公共服务；后者则采用“政府主导、民间运作、第三方监督”的模式，为残障人士提供职业培训和康复辅导。容桂的做法得到了汪洋的认同和赞赏。在华口社区，汪洋勉励大家：“你们干得不错，要推广你们的经验！”

那么，容桂经验的核心又是什么呢？

1. 政府是掌舵人，运作在“体制外”

2008年底，列海坚刚到容桂上任，有人就提醒他：容桂有很多穷人啊，政府应该提高低保户的补助标准。列海坚当时纳闷，容桂是顺德经济最发达的地方，怎么会穷人比别处多呢。

一了解，原来容桂有户籍人口20万、常住人口50多万，人口基数比顺德其他镇都多。即便低保户在人口中的比例不变，但是基数一大，“穷人”的绝对数量就多了。再深入了解，还不仅是“穷人”的问题，在这一方人口密度极大的地区，残障人士、青少年问题、家庭问题、外来工问题、刑满人员的社区矫正问题等等，都比其他地方更为突出。而这些问题，哪一个都不是靠“政府补助”能够解决的。这怎么办？

给“社会病”请医生

在被定为广东“简政强镇”改革试点之时，容桂就决心通过改革破题——推进社会管理和公共服务创新，解决经济发展之后的种种社会问题。

社会管理创新是一个系统庞大的课题，但其中有一个重要的组成部分——社会工作，致力于预防和解决社会问题、化解社会矛盾，协调社会关系、维护社会稳定。于是，在容桂社会管理创新中，发展现代社会工作就成了改革的一个突破点。

“社会工作”不是一个新词。在我国，长期以来，人们谈及“社会工作”一般有两种理解，一是单位内的职工从事非本职性的、公益性的工作；二是将党委领导下的青年工作、工会工作、妇女工作等群众工作统称为社会工作。

在新时期，这个词有了新的涵义——指综合运用专业知识、技能和方法，为有需要的个人、家庭、群体、组织提供专业社会服务，预防和解决社会问题、恢复和发展社会功能、促进社会公正和谐的职业活动。社会工作，既指一个专业领域、专业岗位，又指一种专业制度。在《中共中央关于构建社会主义和谐社会若干重大问题的决定》，就指出“造就一支结构合理、素质优良的社会工作人才队伍，是构建社会主义和谐社会的迫切需要。”专业化和职业化成为社会工作的一个方向。

对于专业化的社会工作，梁卫南有切身的理解。梁卫南是容桂社会工作局民间组织股股长，是容桂推进社会工作发展的具体实施者。“社会也会生病，专业化的社会工作就像是医生，”梁卫南说：“如果有病不治，小病会变大病，小矛盾会滋长为社会大问题。”

梁卫南说，以前在社区工作时，接触很多这样的“社会病”，都感到有心无力。社区有些中学生身陷“网瘾”，家长无计可施，学校也管不了“网瘾”。而社区的居委会干部都身兼数职，应付日常行政工作就忙不过，无暇他顾。眼看着这些学生越陷越深，从“网瘾”少年变成了高墙内的少年犯，有的回到社区依然旧习不改。

对于这一点，列海坚有更深入的认识。“其实我们原来街道、村居就有社会工作者，比如人民调解委员会、妇联等等，但是他们不专业，没有系统的培训，而现在的社会需求都走向了专业化，所以我们需要引进专业社工。”

给“社会病”请医生，引进专业的社工制度，就成了容桂推动社会工作的一个出发点。

一开始就没打算“体制内”

在容桂人看来，既然原来体制内的民政、工青妇等传统社会工作部门难以应对大量的“社会病”，就要另辟蹊径，不能再走社会工作行政化的老路。

容桂四处学习取经，到上海、深圳、广州等社会工作发展较早的地方，希望吸收别人的经验。走了一圈，却发现这些地方的社工发展仍然有很深的政府烙印。

深圳大学易松国教授认为，目前上海和广州的社工模式较为类似，都是政府购买服务或政府购买项目。深圳虽然由民间社工机构来负责日常运作，本质上仍是政府花钱和政府引导。在一些城市，社工成了政府部门中的一个新的专业岗位，按照人口比例在社区中配备社工人员。在很多地方的社工发展过程中，行政力量的直接参与都成了一个重要因素。

而容桂在一开始就对“体制内外”这个问题很慎重。

慎重，源于对体制内运作有很多顾虑：如果政府直接聘请社工，那就需要大笔资金投入，政府背不了这么大一个包袱；而且社会需求非常多元，变化也快，由政府来提供社工服务不容易做到灵活调整；如果再把社工纳入政府工作人员的体系，那么以后这些社工人员的身份怎么解决，是转为公务员还是其他身份？这其中有着一系列的后续问题。

在列海坚看来，最关键的是，如果没有社会力量的参与，仅凭政府推动，这件事情就很难做好。

因为这个出发点，容桂否定了最初的设计方案。那个方案是受邀专家参考深圳经验而做的，政府在其中的行政痕迹很重。容桂要寻找一个“体制外”的解决方案。更何况，容桂人的改革精神中还有一个追求：人无我有，人有我多，人多我精。

靠“拿来主义”不行，容桂不得不开始社会工作的本土化探索。

容桂的本土特色是什么？一是藏富于民，民间财力雄厚。二是地方有慈善传统，扶困济贫的民间活动几乎从未间断。三是民众热心公益活动，仅容桂的注册义工就有3000多人。

如何发挥这些地方优势，将其转化为推动社会工作的动力？这是容桂本土化探索的一个立足点。

容桂人将目光转向香港，在他们看来，香港在民间慈善文化上与容桂有共通之处。

香港模式的一个最大特点就是政府置身其外，只扮演两个角色：引导和监督。容桂的学习考察团走访了香港特区政府社会福利处、香港小童权益会、香港基督教服务处、东华三院等政府和民间机构。一路下来，越看越开窍，越看越有信心。

香港有系统的社会服务工作，是从上世纪六十年代开始的，以应对当时经济发展后的各种社会问题。如今，香港的社工管理和运作模式已非常成熟，每562人中就有一名专业社工，超过了西方发达国家水平。在政府引导下，慈善机构通过市场运作，向专业社工机构购买社会服务，服务民众；而政府则在资金管理、服务质量等方面进行监督，保障其良性运作。

香港的做法更坚定了容桂人的信心：通过市场化手段实现民间运作，实现社会工作的良性循环、可持续发展。

在这个理念的指导下，容桂制定了《顺德区容桂街道社会工作发展规划》、《容桂街道推进社会工作发展实施办法》和《容桂街道社会工作服务项目管理办法》等一系列政策。同时请来深圳大学社会学系主任易松国教授等权威专家，给这些政策把关，确保其规范化、标准化和专业化。

“小”对“大”的格局

“简政强镇”改革是省委书记汪洋定的调子，他对“简政”二字有着更具体的阐述：“简政放权不仅是上级对下级放权，还是政府对社会和市场放权，省下放给市县的权力，有些还应该进一步交由中介组织和社会组织承担。”

容桂在推行社会服务上，就充分贯彻了这样的“简政”方针——政府不再包打天下，把专业性强、涵盖面广、内容多样化的社会服务交给社会组织来实施，而政府的角色则是掌舵人，引导、监督、协调、统筹，凝聚社会力量，形成合力，推动社会服务的良性运作。

在这一点上，容桂构建了一个“小政府、大社会”的格局。

小是一，是政府；大是多，是社会力量，社会资源。“小”对“大”的格局，是政府面对社会力量，是掌舵人面对众多划桨者的格局。同在一条船上，掌舵人要把握好方向，还要建立标准，拟定规则，健全机制，激发所有划桨者的能力和活力，驶向共同的目标。

在列海坚看来，“小”与“大”之局反映的是社会结构的现状，在社会的各种角色中，政府只是其中的一个角色，其他各种角色也都在发展。因此，容桂的改革必须要得到社会力量的响应，要通过机制建设引导更多社会力量参与进来，“否则，改革就是苍白无力的。改革成效的体现往往是社会力量参与的程度。”

那么，通过什么手段“撬动”社会力量呢？

在容桂的“小”“大”之局中，政府对社会资源的配置采用的是市场机制，而不是靠行政指令。一方面，发达的市场经济中，市场已经成为社会资源的基本配置手段；另一方面，市场机制的配置能够促使有限资源的效益最大化。

就是在这样的格局中，容桂确立了社会服务工作模式：政府引导，社会参与，民间运作，项目服务。

在这个模式中，提供服务的主体是社会组织，接受服务的对象是社会公众，服务方式是项目提供，项目配置手段是市场购买。

作为掌舵人，容桂政府一开始就确定了“体制外”发展的方向。但“体制外运作”并不意味着政府当甩手掌柜。政府是引导者、规则制定者、监督管理者。从发展规划、扶持政策、财政补贴到培育现代社工机构，从制订社工人才薪酬参考标准到引入第三方质量评估等等，政府从无到有地铺路、扶持，维护着运行的轨道。

在“小”对“大”的格局中，容桂还有一个优势，就是社会工作局的设立。改革之后，容桂将民政、工青妇等原有社会工作管理的职能部门都归并到一个机构——社会工作局。这样一来，在政府管理方面解决了条块分割、统筹难度大的问题，使政府对社会工作的指导与管理都在一个完整的体系中，政令清晰，协调高效。比如，容桂社会工作局民间组织股股长梁卫南，同时兼任街道团委副书记之职。

推进社会服务是容桂新政致力的重点，但容桂的社会管理创新有一个更为系统的思维和工作框架。

这是一个全社会共同参与的格局，实现的是党委、政府、市场、社会和市民的协同治理。在这个协同治理格局中，包括多主体参与的社会管理办法、多元化的公共服务方式以及多渠道的民意咨询反馈机制。

因为社会管理创新的这种整体思路，容桂还取得了一系列的突破：探索社会治安综合治理新方式、完善社会矛盾调解机制，建立与完善“问政于民”制度，推进公共服务均等化等等。这些我们将在后面的章节详述。

就在2011年7月的容桂视察之后，省委书记汪洋同样谈到了改革中的“小”与“大”关系：“巩固大部制改革成效必须深化社会服务和管理体制改革。实行大部制必须建设‘小政府’，建设‘小政府’必须建设‘大社会’。政府要着力解决在市场经济环境下社会服务和社会管理‘越位’的问题，只有这样，才有精力去处理‘缺位’、‘不到位’的问题，真正做到‘社会管理社会办’。”

2. 不一样的“容桂模式”

2010年8月21日，中国社会工作教育协会第七届年会容桂论坛，引起媒体的高度关注。这场为中国现代社工发展把脉的顶级论坛，让人们认识了一个新概念——“容桂模式”。

中国社会工作教育协会会长、北京大学教授王思斌说：“容桂在社会管理工作改革和社会福利制度改革上有了巨大突破。容桂现代社工发展模式在全国属首创。”

“容桂发展社工的模式，是中国发展社工体系的一个标本，对国内其他地区发展社工有极大的现实意义。”深圳大学社会学系主任易松国教授对容桂模式同样高度肯定。

容桂模式为什么会引来如此轰动？在国内社工领域的权威专家看来，它的特点是什么？

“民间性”有强大的生命力

王思斌教授说：“容桂模式通过与慈善会、企业结合取得了良好效果；同时，这种自下而上的模式，强调了民间的角色，可以根据社会的需求来确立服务项目，这种模式具有很强的生命力。”

而在易松国教授眼中，容桂模式善于利用民间力量：“该地区有众多的热心企业家及社会人士，他们很乐意参与本地的慈善事业，容桂政府很好地引导了这股风潮，通过民间慈善组织来发展社工事业，使社工机构的发展有了坚实的社会基础，势必使容桂社工事业发展得更为健康。

华东理工大学公共与社会管理学院院长徐永祥说：“容桂依靠社区建设，培育民间力量，把政府的管理事务、服务事务转移给民间的社会组织，这是一个创举。”

在专家们看来，民间性是容桂推进社会工作的成功之处。其实，这只是容桂模式的特色之一。容桂模式可以用16个字概括：政府引导，社会参与，民间运作，项目管理。

这16个字的背后，是容桂对于推进社会工作的一个系统性思考。

政府引导，是指政府对社会工作发展进行总体规划、政策制订、推动指导、统筹协调。政府建立有效的引导机制，引导民间资金投入社会服务行业，增强本地社会服务资源的培育和发展。同时，政府也投入相当资金，对购买社会工作服务进行财政补贴。一方面用于弥补民间资金的不足，另一方面侧重于政府目前正在推进的专项服务。政府建立引导机制，更有效地组织好资源的合理配置，使有限的资源产生最大的效益。

社会参与，是指动员社会各方力量，建立各种社会组织，参与和支持社会工作服务。具体来说，由公益社会组织募集民间资金，向专业社工机构购买社会工作服务；推动企业向专业社工机构购买社会工作服务；并采取“社工＋义工”模式，开展社会服务。

民间运作，是指社会工作服务的购买及供给主要由民间组织进行具体运作。民间专业机构招聘、培训和管理社工，并向政府和社会提供专业服务。

项目服务，是指社会工作服务以服务项目的形式购买和提供。政府有步骤地引导和推动项目化服务，如老年人服务、青少年服务、残疾人服务、家庭服务、社区矫正和禁毒等等等。项目服务以点促面，让社会工作专业服务覆盖到所有地区和所有有需要的人群。

容桂模式有一个核心价值——让社会中每个人的合理诉求都能得到满足，让每个人都能享受到均质的公共服务，让每个人都有生活的幸福感。

创造幸福容桂、推进社会工作是一项致力长久的工程。为此，容桂制定了从2010年到2020年的十年规划。在《顺德区容桂街道社会工作发展规划》中，我们看到：

近期目标（2010—2012年）

1．根据容桂实际，探索建立容桂街道社会工作发展模式；

2．初步建立一套社会工作管理体系和制度规范；

3．建立一支专业社会工作人才队伍，在社会管理和社会服务领域发挥作用。社工服务覆盖70％社区（村）；

4．通过宣传和服务，让公众知晓并且参与和支持社会工作服务。

中期目标（2013—2016年）

1．建立基本的管理体系和制度规范；

2．社工服务覆盖90％社区（村）；

3．半数居民知晓社会工作，公众参与和支持社会服务的意愿比较强。

长远目标（2017—2020年）

1．建立完善的管理体系和制度规范，社会工作有序发展；

2．社工服务覆盖所有社区（村），为街道有需要的人群提供高质量的专业服务，提高居民生活质量，预防和解决社会问题，促进社会和谐；

3．公众了解、认同并且积极参与和支持社工服务。

规划从长计议，但是工作的效果已然显著。

容桂街道所有26个社区（村）均成立福利会。2010年街道慈善会和社区、村福利会在各种募捐活动中募集资金1亿多元；在17个社区（村）开展现代社工服务，重点关注低保优抚、居家养老、家庭调解、青少年辅导等领域。

两年间，容桂已培育和建立了100多家各类非政府组织（NGO）：商会、慈善会、社区（村）福利会、各类文体协会、青少年成长促进会等等。街道一级有如此多社会组织，这在国内也是少见的。如今，青少年服务、残疾人服务、社区矫正和禁毒等社会化专业服务已基本覆盖整个容桂。

2011年8月1日，容桂星愿自闭症康复中心开课。这家民办非盈利机构，是顺德首家自闭症儿童康复中心。此前，容桂伍威权庇护工场是顺德第一个为残疾人提供庇护性就业岗位的非营利机构。在容桂，像这样专业的民间公益机构如雨后春笋般诞生，显示了“容桂模式”的勃勃生机。

舆论先行，答疑解惑

任何一个新事物的本土化都不是件简单的事。更何况，这还不是仅仅在单一体制内创新，需要调动整个社会的力量，得到社会各阶层的呼应。

在推动社会工作“容桂模式”中，有一点不得不提，那就是舆论先行，为创新造势。

这样的造势，首先是在政府机构内部。虽然容桂机构改革后成立了社会工作局，但是“民政工作”的概念根深蒂固，即便政府工作人员中也没有多少人了解现代社工制度。现代社工制度究竟为谁服务、如何服务，政府在其中的角色是什么？人们头脑中的这些疑问若没有清晰的答案，那么容桂设计的社工模式必然会在实践中跑调。

从2009年12月开始，容桂就不断在政府机构内部举办讲座，给政府官员“洗脑”。讲座活动的主题方方面面，“如何发挥社工的作用”、“从香港经验看内地社工发展”等等。街道的13个部门、26个村居都要派领导参加活动，而牵头组织的是社会工作局。当初参与组织工作的梁卫南说：“推动社会工作绝对是个系统工程，政府的专项补贴需要财政局拨款，青少年服务涉及教育局工作，各个村居更是接纳社工服务的主体，若没有形成共识，工作就不可能开展。”

列海坚、赖雪晖等当时的街道主要领导更是分工动员，而机关内部的电子政务平台上也定期发布《社工工作简报》，提高大家对社工的认识和理解。

在内部宣传中，容桂着意厘清观念，撇清误解，让大家意识到政府在推动社工工作时要有所为、有所不为。宣传中，特别强调社工的独立性，社工不是政府聘员，社工服务不能受行政干扰，社工机构是政府之外的独立第三方等等。而另一面，容桂又着意让官员们认识到社工制度的迫切性和意义，得到大家的支持。

容桂政府对于社工制度认识的先进与到位，是专家学者们尤其赞赏的。因为这是政府行为、官员意识中尤其难得之处。

体制内的宣传只是第一步，如何让社会认识社工服务是一个更大的课题。

“人人知道社工，人人理解社工，人人支持社工”，是社会推广的目的。在社工服务站进驻的第一批试点村居，社工局举办了“容桂社工进社区启动仪式暨‘欢乐和谐、伴你同行’社工服务宣传活动”。在马冈村，村办报纸《马冈》辟出专版宣传社工，摸准村民心理，答疑解惑。《社工≠义工》、《社工——帮人也有大学问》、《如何理解“有问题、找社工”》等文章，通俗易懂。《马冈》报每月印刷2500份，免费发放到村民家中，“社工进村”一下子家喻户晓。

而容桂社工局印发的各种宣传海报、单张也都遍布街道各处。《社工是什么》、《社会工作服务站使用指引》等等主题宣传都力图贴近民众。街道有线电视、当地报纸也纷纷采访社工，跟踪报道社工服务，专题宣传铺天盖地。“有困难、找社工”成了容桂人新的口头禅。

社会氛围的养成是一个循序渐进的过程。容桂深知此道。

2011年7月18日，一场“非政府机构管治”经验分享讲座在容桂举行，香港东华三院负责人受邀主讲。像这样的活动，目前在容桂几乎每月都能看到。开拓难，欣欣向荣更难。容桂政府意识到，社会工作服务是一个持续学习的过程，无论官员还是专业社工，都要不断提升认识，改进实践。

3. 村村慈善会——巴菲特的慈善逻辑

有一个数字，让探访容桂的人每每咂舌：1亿，容桂街道和村居两级慈善组织的慈善基金已超过1亿元。令人啧啧称叹的，不仅是这样的基金实力，还有容桂慈善组织特有的形式：把慈善会建到村里，26个社区（村）全部设立慈善会，形成街道、村居两级慈善救助体系，铺就了一张“横向到边、纵向到底”的慈善网。

2009年11月15日，容桂街道马冈村福利会正式成立。福利会，是容桂村级慈善组织的正式名称，26个村居福利会都是自治组织，而街道一级的容桂慈善会对其进行工作指导。

为什么要把福利会设到村里呢？

早在2006年，街道层级的容桂慈善会就已经成立，并开始慈善救助活动。最初设想建立村级慈善会，源于容桂人对慈善组织运作更深的认识。列海坚说“其实，慈善组织越往上，募捐能力越弱。人们会想，我也不知道你把捐款拿来干什么，就象征性捐一点吧。我们就反其道，把福利会放在最基层，这样就激发了人们回馈乡亲的热情。很多村级慈善会的捐款人都是当地老板，甚至本村人。”像马冈福利会，成立当年，筹集的慈善基金总额就达到1044.9万元，而该村的户籍人口只有7400多人。

建立村级福利会，政府所做的并不只是一纸倡议书。在总额超过1亿元的容桂两级慈善基金中，政府掏了2000万，占整个资金的20%，其余的8000万都是民间资金，捐款者从企业家、华侨到公务员、村民、外来工，甚至中小学生。列海坚说：“你看，这就是政府出头、社会响应的结果。如果没有社会响应，这事就很难做。”

我不捐就没机会了

一位企业家主动找到列海坚说：我要捐款修一修我们村里的学校，我要不赶紧捐的话，别人抢先我就没机会了，一个村不能建两所学校啊。这位老板果真掏了1000万元修葺学校，而政府只垫付了剩余的费用。

这则故事乍一听有点难以置信，可是当你走进容桂的村村巷巷，你就能理解这种心情。

在马冈村，福利会的成立仪式同时也是该村第十八届敬老大会。当日，村内天后宫宴开105桌，1073位年过六十的长者集聚一堂，看大戏，唱粤曲，收利是。这样的敬老活动从1991年就已经开始，由旅居香港的马冈乡亲、企业家罗孝首先倡议。之后，每届敬老大会都是众人拾柴。有意思的是，每一位捐赠者的心意都各自不同：有人给每位长者送白米10斤，有人给90岁以上的老人两百元利是，有人给结婚50周年以上的夫妇送利是，有人则给五保户派红包……

在马冈福利会成立之前，该村就有敬老基金、教育基金、校友基金、援助基金、华光庙福利会、观音庙福利会等等慈善组织。扶老助邻，行善积德，福有攸归。这是马冈人最朴素的慈善观念。

福利会成立大会上，列海坚等容桂政府官员也出面募捐，当然募集来的钱归各个福利会。“我喝一杯酒，值10万元啊。”列海坚开玩笑说：“我们募捐就是喝喝酒，说几句大话，动员工作不难做。”

一杯酒10万？会不会事后打白条啊？外人就有疑问。列海坚说："要是放在外面，他可能敢，但在本村本土，他还敢回家吗？除非以后不回村了。如果你说捐100万，明天不是这么回事，以后村里再也没有人相信你。诈捐的事，在这里可行不通。"

正是熟悉这里的本土文化，容桂村村慈善会的倡议才会一呼百应。

一方面容桂经济发达，工业化、城市化日新月异，而另一面，这方土地又有着浓浓的乡土情。即便在一些已经厂房林立的村居，宗祠、家庙仍比比皆是。在传统意义上，祠堂的存在不仅意味着光宗耀祖、追德报宗的文化表达，更维系宗族内自治、互助的具体制度。比如过去的祠堂置有田产，其收入为族内后生提供外出应试的路费。

马冈村就有不同姓氏的大小祠堂30多间。以祠堂为象征的宗族节庆、祭祀、互助等活动依然长盛不衰。现代社会倡导社区建设、社会互助，而容桂的社区建设与传统的乡土文化相结合，根扎得更深，叶展得更茂。

可以说，容桂的村级福利会就是建立在这样的慈善传统基础上，以一种新的机制将其发扬光大。

巴菲特的慈善逻辑

2006年6月，股神沃伦·巴菲特创造了历史上个人慈善捐款的最高纪录。巴菲特决定将其个人资产的85%、市值约370亿美元，逐步捐赠给慈善机构，其中的300亿美元捐给比尔·盖茨夫妇基金会。

巴菲特的举动，被认为"与他的投资一样理智、独特，打破常规"。盖茨基金会当时的资金总额已经达到290亿美元，主要用于医学、教育等领域的慈善事业。选择盖茨基金会，巴菲特自己说，"我非常欣赏比尔·盖茨夫妇基金会的成就，而且希望从物质上帮助它扩大影响力。"此时的微软主席，已经宣布将专注慈善事业，淡出商界日常事务。

巴菲特还提出了今后每年继续向盖茨基金会捐赠的三个必需条件，其中之一就是盖茨夫妇需有一人积极从事该基金会的慈善计划。选择盖茨基金，巴菲特可以安睡高枕，不用担心捐款被贪污、被挪用，而这个附加条件则更强调善款的管理人和管理效率。

在容桂村级福利会的运行中，我们也看到了同样的慈善智慧。

每个村级福利会都有一大笔钱，这么多钱，由谁来管理？容桂的做法很直接——“买官卖官”。

谁当福利会会长？出钱最多的那个人。列海坚说：“因为他不会贪污，钱就是他捐的，他当然在意这些钱怎么花。”按照管理章程，即便村委会也无权动用福利会的钱，村委会主任可以当执行会长、秘书长，但不能当会长，福利会的支出必须经过会长同意。

至于钱怎么花，也是由福利会自己决定。列海坚说：“以前我们政府经常要派人审计、监督、调查，现在我们根本就不做这件事，人家自己就管得很好，有一个自治系统，政府省了很多事。”

当然，其中有政府的2000万出资，政府下拨的这笔钱分期10年投入各居村福利会，而且有附加条件——定向使用。政府指定，这笔钱专用于资助各福利会购买社工服务。政府的钱可以说是“引导费”，引导居村引进现代社工服务，以此起到杠杆作用。

与一些政府主导的慈善会不同，容桂这些“自治”的慈善组织，花的都是自己的钱，更在意管理效率。沃伦·巴菲特的捐款逻辑，和他投资一样，追求效率。而商业文化的成熟，让容桂人办慈善有着同样的共识。

“筹钱难，花钱更难。”这是容桂商会会长孙志恒反复强调的观点。容桂商会内部也成立了慈善基金，400多万元的筹款全部来自商会会员。孙志恒说，管理慈善基金是承担着所有捐款人的重托，每笔钱该怎么花，都必须精打细算。

该基金的使用规则为，超过10万元，由理事会表决通过；一些较小的慈善开支，则由会长、副会长等批准即可。在与政府合作的慈善项目中，“往往需要政府职能部门先做出方案，我们通过了再划款。”

目前，容桂多个协会及企业也都成立了慈善基金，管理方式均是自治。这种“自下而上”的慈善机制，正是容桂政府所鼓励的。容桂多层次、多元化的慈善体系，不仅免去了政府的管理之忧，而且对社会的救助内容也更为丰富，受益群体更加广泛。

低保临界户也救助

翻看容桂慈善会的救助制度，可以看到对困难群体的体察入微。

慈善会力推三个惠民工程：慈善救助制度、贫困子女助学制度、危重病特殊救助和临时救济制度。救助对象除了政府政策划定的低保户，还有那些收入在低保临界状态的家庭。甚至对于低保临界状态的家庭，也有细致的分类：低保临界一级，低保临界二级。对于这些家庭子女就读幼儿园、高中、职中、中专、大学等非义务教育阶段的费用，都有相应的补助标准。

比如，人均月收入不足370元的家庭，被确定为容桂慈善救助户，人均不足370元部分除了按政策规定由低保金支付以外，其余部分由容桂慈善会负责补足。对于2011年低保家庭子女就读大二或以上年级；低保临界一级家庭就读大学各年级的，给予每人5000元助学补助；低保临界二级给予每人4000元补助。对患危重病的家庭和因病致贫的家庭，分别予以救助。

在容桂慈善会向社会发出的《筹捐善款倡议书》中，有这样一句话："致力于建设一个没有贫穷、没有失学、没有失养的社会"。

对低保临界家庭的救助，就体现了这种精神。那些急需帮助、而又在国家低保线之外的困难群体，由此得到了雪中之炭。对于这个群体的救助，显示出容桂慈善救助体系的成熟与完善——尽可能救助需要救助的人，构筑更广泛的生活保障线，为每个家庭的幸福创造希望。

2010年，容桂街道和村居两级慈善体系围绕助学、助医、助残、助困四个方面，共救助困难群众近3万人次。

4. 培育社工机构，实行项目机制

如今，专业社工服务在容桂的各个社区中已经开花结果。但这个过程，经历了诸多波折。从无到有，从"水土不服"到融合无间，其间的努力和摸索让我们看到了本土化的艰难，也看到了改革者的锲而不舍。

“水土不服”之后

容桂决定引进专业社工服务的时候，面临的第一个问题就是：人从哪儿来？

社工是一个专业性很强的职业。在我国的职业技能体系中，社会工作者的职业资格分为：助理社会工作师、社会工作师和高级社会工作师。从事这个职业，必须经过理论素养、专业技术和实践能力的培训。比如社工专业的本科教育就要求学生必须经历800小时的一线实习。

2009年底容桂第一次招聘专业社工，薪酬条件是每月起薪3000元，比广州还高，但应聘者寥寥。当时，考虑到服务要深入社区，面向本地居民，说粤语方便沟通，容桂要求应聘者具有顺德户籍。后来调查发现，顺德这两年只有40余名社工专业的本科毕业生，容桂约有10人，仅1人取得社会工作师资格，其余都是助理社会工作师资格。

负责招聘工作的容桂社会工作局不得不主动出击。梁淑转就接到了社工局的“求贤”电话。梁淑转是华南农业大学社工专业的毕业生，当时她刚拿到毕业证，正愁工作，容桂社工局从顺德人才交流中心看到了她的资料，主动联系。经过笔试、面试，她顺利地成为马冈社工。而她当时的同事张俊键，江西财经大学社会学专业毕业生，已经在顺德当地企业工作，也是这样被社工局“挖角”而来。

2010年，容桂第二次招聘专业社工，放宽了户籍限制。社工局民间组织股股长梁卫南说，这一次的应聘情况明显改善，应聘者除了本地高校毕业生，还吸引了众多外地高校人才，其中还有硕士毕业生。

刚开始，像梁淑转这样的社工直接由马冈社工服务站聘用，而社工服务站由居村福利会出资，形成“福利会——社工服务站”的运作模式。但是，几个月下来，问题出现了。福利会作为聘用主体，在社工管理上缺乏专业经验，不知道该如何指导社工工作；而社工们分散在各个居村，相互间缺乏专业交流，缺乏归宿感。

有问题就要解决，不能搁置，这是容桂在改革中一以贯之的原则。

不仅眼前的问题，容桂还进而考虑了更多：专业社工是个新鲜事物，需要一个培育过程，政府还能为其做什么？政府与社工聘用单位、社工相互间应该是一种什么样的关系？怎么突出社工工作的专业性和独立性？

带着发展中的新问题，容桂社工局再次到香港取经。回来后，根据香港经验和容桂实际，对原有的工作模式进行调整，采取了一种新的运作模式："福利会——专业社工机构——项目服务"。

在这个新模式中，关键是建立专业社工机构，实行项目化管理。而专业社工机构的性质是民间组织。

2010年8月，容桂第一家专业社工机构——鹏星社会工作服务社正式成立。此前由各福利会直接聘用的27名社工，全部纳入鹏星服务社，其招聘、管理、培训统一由服务社负责。也就是说，鹏星成为了这些社工的直接老板。而福利会则通过向鹏星购买项目服务的方式，获得社工服务。

容桂鹏星社工服务社副总干事陈淑仪，是容桂的第一批社工，此前在海尾社区社工服务站。她说，在福利会聘用社工阶段，一个社工要负责问题青少年教育、低保户帮扶、残疾人康复等多项职能，常常力不从心。而现在，服务社根据每个社工的特长合理安排任务，使社工们朝着专业化、精细化的方向发展，对社区的服务也更深入、更到位。

鹏星服务社的法人代表、总干事是易松国，深圳大学社会学系主任，2007年创办了深圳鹏星社会工作服务社。此前，他作为特邀专家，曾参与容桂社工建设规划等工作。在合作中，易松国被容桂政府推进社工服务的决心和努力所打动，答应容桂的邀请，牵头建立容桂鹏星。

为引进这家专业社工机构，容桂街道办无偿提供一栋三层小楼，办公面积1000平方米，并拨给启动资金10万元。而这家民办非营利社会组织，将向政府机构、社区福利会和其他愿意开展专业社工服务的社会公益组织派驻社工，以项目购买方式合作。

除了村居福利会，容桂社工服务项目的购买主体已走向多元化，而这些项目购买方，可以向容桂政府提出资金申请，政府视项目情况给予财政支持。

2011年3月，容桂街道综治信访维稳办公室购买了一项新增服务——社区矫正信访社工服务项目。该项目也是由鹏星服务社提供，在维稳中心内专设了鹏星阳光服务站，驻站社工3人，社工以专业服务介入信访和社区矫正工作。项目运作时间为一年，项目费用20万。

与此同时，妇联的“反家庭暴力社工服务项目”、工会的“企业社工服务项目”都进入了调研立项阶段。容桂社工服务水平提升到了一个新的阶段。

社工站是庇护港湾

遇见陈如（化名），是在马冈村的社工服务站。她来找社工梁姑娘，希望梁姑娘帮助她申请村里福利会的重病救助金。

年过四十的陈如，是社工站的重点服务对象。她有轻度智障，虽生活自理，但没有工作能力。丈夫酗酒，动辄有暴力倾向。两个女儿，大女儿辍学，小女儿也有智力障碍，学习困难。陈家是马冈村60多户低保家庭之一。

2010年1月，马冈社工服务站成立，是容桂在村居推行现代社工服务的第一批试点。低保户和残障人士服务，成为马冈社工站确定的服务方向。而被陈如称为“梁姑娘”的梁淑转，则是容桂招聘的首批6名专业社工之一，刚从华南农业大学社会工作系毕业。

说到引进专业社工的作用，马冈村委会妇女主任冯惠钰深有体会。“以前我们对低保户的帮助更多是经济上的，发放各种救助金。但这些家庭往往有着更多的需求，孩子教育、家庭暴力、心理疏解等等，因为人手不足，我们实在兼顾不到。而专业社工就弥补了这个工作空白。”冯惠钰说的是实情，改革前村委会要承担各种行政服务和社区自治事务，一人多职，根本没有专门岗位服务困难群体。而马冈村，除了60多户低保家庭，还有75名残障人士。

进入马冈村后，梁淑转发现，这些低保家庭问题重重，都不是一次性经济救助就能解决，“他们的问题往往都是长期的，不同阶段有不同的表现。”像陈如家，自2010年初的一年半间，社工先后帮助大女儿找工作，帮助二女儿找学校，劝解丈夫戒除酒瘾，调停家庭不和等等。就在我们遇到陈如的前一天，她的丈夫又因酗酒突发疾病入院。而社工第一时间得知后，除了帮助办理入院手续，还要教会她如何申请福利救助，甚至要提醒她存留入院单据这样的小事。

刚走进社工站时，陈如满面愁苦，摆在眼前的哪一件事都不是她自己能应付来的。梁姑娘温言宽解，一件件事情细细交代，之后还说“有什么问题你再打电话给我们”。离开的时候，陈如神情轻松多了。

“有问题，找社工！”像陈如这样受助的村民，已经习惯了社工站的存在，甚至在精神上有了一种依赖感，这里成了他们的庇护港湾。

马冈党支部书记、村委会主任冯家擎非常赞同引进社工服务。在他看来，社工的“柔性服务”纾解了社区中的潜在矛盾，这些是政府服务所无法达到的。“客观地说，由第三方提供专业化的服务，村民们更容易接受。”冯家擎说，马冈社工服务站有独立的办公地点，甚至原来那些对政府心有芥蒂的村民，也愿意和社工交流，有利于解决社区的隐性问题，创造和谐的氛围。

眼下马冈只有2名常驻社工，村民的受惠面还太窄，冯家擎希望下一步增加社工服务力量。而马冈社工站的试点，很快让其他居村看到了成效。目前，容桂已在17个居村建立了9个社工服务站。

社工之外有义工

社工是专业人士，是容桂的新生事物，那么原有的义工队伍怎么办？容桂拥有注册义工3500多人，这可是一个宝贵的公益资源。若厚此薄彼，则有些得不偿失。如何进行社会服务的人力资源调配、发挥体制内外的合力，是个新课题。

其实，义工与社工的关系，早在引进现代社工制度的最初，容桂就已经考虑到了。

义工，即义务工作者，就是我们常说的志愿者，志愿提供社会服务而且不计物质报酬的人。在中国，义工团体由各级团组织负责规划、协调和指导，是共青团服务社会的一种新形式。

而在顺德，在容桂，义工成员已经超越了青年志愿者的概念，这里甚至活跃着七八十岁的老义工。只要年龄在12周岁以上，希望参加志愿服务的人都可以成为义工。义工与社工的最大区别是，义工是无偿服务，而社工是受薪的专业服务。

在确定社会工作发展模式时，容桂提出构建“两社三工”的社会工作格局。“两社”，指的是社区和社团相互支持；而“三工”，指的是由社工、义工和优秀外来工相互补充。

在“三工”之中，容桂第一步推动的是“社工＋义工”模式，由社工招募、培训、组织和指导义工开展服务。作为容桂团委副书记，梁卫南说，这个想法最初的产生，也是基于容桂的义工资源。容桂注册义工的队伍庞大，团体服务队就有61支，义工活动踊跃。但另一面，由于义工没有资格限制，没有系统培训，流动性和随意性很大，往往是服务热情很高，但对社会需求不了解，服务难免有些形式化。而社工恰好有专业优势，但是发展初期人数较少。两者结合，既提高了社会服务的专业性，又有了充沛的人力资源，正好互补。于是，容桂采用了“社工引领义工，义工协助社工”的运作方式。

容桂义工代表处接受街道团委领导，团委与社工局同属一个机构，这就让政府促成“社工＋义工”的运作方式更为便利。如今，容桂社工与义工之间已经形成沟通机制。各个社工服务站可以在义工网站上发布服务信息，组织联谊活动；容桂的义工QQ群向所有社工开放。

在容桂社会工作网、容桂青年网上，可以看到各个社工服务站的义工招募活动。从暑期青少年辅导到孤寡老人探访，形式多样，义工可以自由选择。这些活动都是由社工设计服务内容、服务形式，并对参与义工进行培训。如此一来，分散的义工团队有了更多的定期活动、专业服务，彼此间凝聚成了一股力量。

第四节 给政府聘员一个“职业生涯”

两个“自选动作”做下来，政社分离理顺了基层的行政秩序，而社会管理创新让幸福容桂的理想变得真实可感。再联系到扩权后容桂行政执行力的迅速强大，一个着眼于社会生态整体进化的容桂试点改革，至此也算功德圆满。

容桂的改革者显然不满足于此，他们同时在推进另一个立足长远的变革——政府机关聘员制度改革。这是一项旨在实现政府聘员职业化的制度创新。

列海坚说：“要给大家一个职业生涯，给大家一个梦想。每个人都应该做一个职业生涯的规划，要能看到自己的未来。温总理说，信心比黄金还重要。要让每一个在政府机关工作的人，对自己的职业生涯都有信心。给大家一个发展空间，你是有机会的。干得好，你能升职，可以加薪。看到希望，肯定会努力干事。否则大家都是过渡思维、临时思想，不可能干好事情。”

所有的改革都着眼于效率的提高，行政效率、制度效率、机制效率等等。但一切的效率，归根结底都是人的效率。人的效率上不来，改革可能会带来一时的轰动、一时的热情、一时的激奋，但能延续多久，却是个问题。说容桂机关聘员制度改革立足长远，就缘由于此。

1. 聘员可以当局长

对容桂街道办的很多年轻聘员来说，国土城建和水利局副局长杨永伦是他们的榜样。杨永伦跟他们的身份一样，并非公务员，却走上了政府部门的领导岗位。在杨局长身上，这些年轻人看到了自己的希望。

而更多的人则从容桂的改革中看到政府人事制度创新的希望。

在容桂的政府机构，聘员是人数最为庞大的队伍。容桂有各类聘员2100多名，而公务员只有90名，两者比例是23：1。可以说，离开了聘员队伍，容桂的行政管理将无法正常运转。

不仅容桂，甚至在顺德，政府聘请大量非在编职员都是普遍现象。这是政府解决行政服务人力不足的灵活办法，也是逼出来的办法。

容桂的行政编制90个，要面对50万人口、26个居村的服务与管理，行政人员在人口中的比例低于1：5000。这样的比例，根本无法满足公共服务的社会需求。于是，从街道的机关部门到各村居委会，都聘用了大量工作人员，以应对日常工作。

除了不具备公务员的行政执法权之外，容桂的机关聘员和公务员承担着同样的工作任务，更多的是在政府服务的一线。有的机关部门股室，除了股长是公务员，所有工作人员都是聘员，而有的连股长都是聘员。容桂环境运输和城市管理局，有206名工作人员，其中公务员只有48人。这个比例还算高的，因为这个局由原来的城管、市政、交通等部门合并而成，承担了很多行政执法任务。

“没身份，没地位，没前途。”这是一篇网贴中的话，帖子名为《政府聘员的独白》，发在顺德人网的BBS上，跟帖者众。

如今，顺德各级政府的年轻聘员几乎都是专业出身，大学毕业。薪金待遇、培训机会、晋升空间是他们工作的所有动力。但现实却让他们自觉只是“杂牌军”，游离在正规部队之外。身份“临时”，工作的心态也是临时的，随时寻找机会离开。

如此局面，我们就能理解为什么容桂改革要趟入这片领域了。

简政强镇试点让容桂有了突破的机会。2009年12月，顺德区政府向容桂街道下放了机关聘员、事业单位人员的招考录用权、聘员领导职数的审核审批权、聘员控制数的调整权、聘员工资变动的审批权等权限。容桂政府聘员制度改革同时启动。

但一涉及到人事制度，往往就是改革的深水区。

“政府聘员”，是容桂改革后的统一称呼。在改革之前，各有各的身份，五花八门：集体干部、聘用干部、合同工、临时工等等。不仅身份各异，“老板”也不同，有的是街道机关部门直接聘请的，有的是村委会合同雇佣的。工作人员的薪金待遇没有可比性，“老板”不同，标准不同，各自为政。

“动”人是改革的难题，而这项改革要动2000多人，涉及容桂政府的每个机构、每个部门。从哪儿入手呢？容桂选择了两个字——“统编”。“统编”的核心是职业化。

所谓职业化，指的是职业行为和职业岗位的标准化、规范化和制度化，有章可循，有据可依，有完善的职业通道。

容桂党工委委员、组织工作办公室主任朱艺婷说，容桂建立了一个完善的政府聘员职业化体系，解决方案是“四个一”：一种人员身份、一套工资体系、一个管理考核办法、一种晋升机制。

容桂成立了街道公共事务服务中心，出台《容桂街道公共事务服务中心聘用人员管理试行办法》，将原街道财政供给的、散布在机关部门、街属单位、居村委会工作的集体干部、政府雇员、工勤人员等多种身份的各类人员，统一编入街道公共事务服务中心，统一用政府聘员身份规范管理。

所谓统一，并非“一刀切”。容桂将政府聘员分为七类，有一个清晰的聘员职位序列：

一类聘员

为满足管理和服务的特定需要而聘用从事行政管理工作、专业技术工作的高级管理人才、高级专业技术人才。设置“高级主任、主任、副主任（技术主管）”3个职务层次，职务名称分别与办事处内设机构、直属机构和区市场安全监管局容桂分局、区环境运输和城市管理局容桂分局（下称“办事处工作机构”）的正职、常务副职、副职相对应。

二类聘员

公共事务服务中心聘用具有本科以上学历或中级以上职称的行政人员、专业技术人员。设置正组长、副组长两个职务层次，职务名称分别与办事处工作机构的股（室）正副职相对应。

三类聘员

公共事务服务中心聘用的社区市民服务中心正副职或业务主管。

四类聘员

为完成内部辅助性、服务性工作而聘用具有全日制大专以上学历的人员。

五类聘员

也称专项聘员，是指从事交通管理、治安联防、城市秩序管理、消防、流动人员和出租屋综合管理等辅助执法的人员。

六类聘员

从事技术性后勤保障工作的人员。

七类聘员

从事内勤或一般性后勤服务工作的人员。

由于身份统一，容桂的所有政府聘员都能在街道各机构各部门内交流、调动，人才调配机制一下子激活了。

身份只是第一步，晋升空间是职业化体系中更为重要的。在这一点上，容桂实行公务员与政府聘员职位交叉的制度，打破用人壁垒，政府聘员和公务员可以平等竞岗，甚至出任部门的“一把手”。这一举措，一方面疏通了政府聘员的晋升空间，另一方面也刺激了公务员的竞争意识，机会不可能靠论资排辈地坐等了。改革后，容桂有7名政府聘员被聘为街道各办、局（分局）常务副职或副职。

“这样的话，一个职业通道就形成了，一个发展的通道就出现了。”列海坚看来，在一个规范的职业通道中，每个人都应有自己的机会。“我可能学历不高，可能能力不强，但是如果我努力干，我能争取当一个小头目；能力再强的话，当一个镇长都有可能，一步步走下去。”

2. 向企业学习，引进市场思维

改革后，容桂2100多名聘员只有一个老板——街道公共事务服务中心，所有人都与中心签订劳动合同。无论官至机关部门副局长，还是担任村居行政服务中心主任，都依据统一制定的薪酬标准、绩效考核、休假办法进行管理，甚至连考勤制度都是清晰可查的。

制度完善后，一个问题出现了：谁来考核呢？

公共事务服务中心是新机构，挂在街道组织办公室底下，工作人员不多，要面对2000多个聘员管理，而且这些聘员的工作岗位分散。450多名四类聘员，在各个机关和村居服务中心担任办事员，五类聘员过千人，包括各26个村居的治安队员、综管员等等，而承担内勤、后勤的六七类聘员则更是分布各处。

这样一个队伍，日常人事管理、绩效考核的工作量极大，而且都不在公共事务服务中心的眼皮子底下工作。若是用人部门负责，那就又回到了分散管理的老路上；若是服务中心考核，根本没有这么多人手跟踪情况；若要大量扩充服务中心的人手，又与改革的宗旨相悖。怎么办？

列海坚和他的同事们想到了一条路——引进第三方人力资源管理公司。

这个办法其实是向企业偷师的。顺德一些大型企业也有大量外派人员，分布全国各地。如美的集团，像销售员等不在总部、不在生产线的员工就有数千人。对于这个群体的评估考核，美的集团委托给了中介结构，即人力资源管理公司。这样的中介机构专业化程度高，作为企业总部和员工之外的第三方，管理更加客观、有效。对于第三方的工作，企业同样要监督，通过市场机制解决管理效率的问题。

容桂街道办也将聘员绩效考评工作外包出去，交给了人力资源管理公司。这样一来，政府只需要监督人力资源公司的工作，效率高多了。机关单位找社会组织进行人员考评，这在全中国可能都是第一家。

其实，在容桂的政府聘员制度改革中，都透着企业化管理的精髓。

企业化管理的核心就是追求效率最大化，投入少、产出多是所有企业的追求，而竞争机制是其主要手段。容桂的聘员改革就是建立一种公平公开的竞争机制，无论在聘员体系内部，在政府人事管理内部，还是在政府人力资源需求与社会人才供给的互动中，竞争是宗旨，也是手段。

容桂在聘员管理办法中明确，所有聘员必须向社会公开招聘。一至三类聘员因为涉及管理岗位，要经过公开选拔、竞争上岗、民主推荐等形式考核；四、五类聘员要经过笔试、面试、体检等公开招录程序择优选拔。在聘员序列中，若要提升层级，同样要经过考试。

无论企业还是政府，只要筑起一个规则清晰、竞争公平的职业通道，在人才市场上必然有吸引力。

容桂的政府聘员改革一出台，就搅动了顺德的人才市场。2010年3月，改革后的容桂第一次公开招考政府聘员，招考目标是25人，学历要求全在本科以上，而符合条件的竞聘者是招考人数的4倍。应聘的不仅有应届毕业生，还有从企业和其他政府机构而来的“跳槽者”，容桂街道赢得了洼地效应。

梁腾业就是其中的一位。我们刚遇见他的时候，他是容桂街道办党工委办公室的办事员，负责政府部门信息、网络舆论信息的收集与整理。到容桂街道办之前，他是顺德区法院的书记员，广东警官学院法学专业的毕业生。离开区级法院到街道工作，吸引他的就是这里的聘员制度。“同样做聘员，在容桂街道你可以看到晋升空间，无论自己是否能达到，总有一个标准可以努力。这是在其他机构所没有的。”

不久，梁腾业告诉我们，他将轮岗到幸福社区的行政服务中心，这让他又有了新鲜的动力。“能够在不同岗位积累经验，接触最基层的工作，这对我的职业生涯肯定有好处。”

3. 一个费尽心思的斟酌：“雇员”还是“聘员”

一字之差，显示出了容桂改革的另一种精神。

朱艺婷说：“拟写改革方案的时候，第一个问题就是要确定这些工作人员的称呼，是叫聘员还是叫雇员，我们斟酌了好久。”其实，无论聘员还是雇员，身份都是一样的，与改革的实质内容并无关系。为什么还要斟酌这个字眼呢？

“就是为了考虑大家的感受。别看这一字之差，感受是不一样的。”朱艺婷直言，其实每个人都在乎自己的身份感，人事改革涉及到这么多人，规则的制定者更要感同身受，切身地考虑问题。

汉语中的每一个字都有无限喻意，勾连着人的情绪。在中国古语中，雇者，佣也，指卖力受佣的人；而聘，访也，问也，有礼请之意。细微之差，却见态度。

这种切身的关注，体现在聘员制度改革涉及的每一个细节上。

比如晋升。现实中，工作内容不同、能力不同的人、机遇不同的人，实现晋升的机会是不一样。容桂改革并不是画饼，不是画一张看得见、尝不到的图景。列海坚说，改革要考虑到不同岗位者的实际，像从事内勤的清洁工，就很难有职务晋升的机会，你怎么给他们以工作肯定，让他们也看到自己的前景呢？

容桂设计了一个“薪金晋升”通道。在职位没有晋升的情况下，只要连续两年考核被评为良好或以上的，可晋升一个工资档次。这就是说，任何人的努力都能换来自己待遇的改善，都有加薪的机会。这种方式创造了一个良性的竞争环境：能力高的可以在职务上晋升，踏实肯干的也能在薪金上晋升，所有人都有前景。

在11级薪金档次之外，容桂也有“特殊化”，部分岗位实行了年薪制。容桂国土城建和水利局的规划总工、绿化总工、市政总工、机电总工等，也是政府聘员，年薪20万。对此，朱艺婷解释说：规划总工等是为城市管理特定需要聘请的高级技术人才，他们的薪金水平必须要跟市场接轨，否则请不到“高人”，岗位就形同虚设。

翻看容桂政府聘员管理办法，聘员薪金构成一目了然，清清楚楚。基本工资、薪级工资、各类津补贴、绩效奖金、住房公积金、医疗补贴，甚至连全年四大节日慰问金的数额都依据可查。方案的制定者尽可能地厘清模糊地带，让每个人对自己的工作所得都心中有数。

当然，在很多人看来，容桂的人事改革还有空间，比如让聘员和公务员同工同酬，消除待遇差别。这是理想状态，但现实难以一蹴而就。“我们有2000多个聘员，如果每个聘员每年加一万元，也就是每月加800元，那就是两千多万啊。”列海坚说，聘员薪金全靠镇级财政支付，“我们只能慢慢干，要不然经济压力太大，推行不了。凡事都得有个循序渐进的过程，只能一步步推进。”

改革的诚意已然见诸细节，就能换来切实的成效。

第四章

民本下的创举

- 第一节　容桂有个“决咨委”
- 第二节　谁来监督政府
- 第三节　维稳中心的角色
- 第四节　“咨监会”下的教育

容桂新政有一个关键词，或者说一种一以贯之的思想——协同治理。

对于思考和研究体制改革的学者和官员来说，这并不是一个陌生的概念。实际上，在过去的二十年，全世界越来越重视这一概念的现实含义。

联合国全球治理委员会给这个概念以明确的定义：

协同治理是个人、公共机构或私人机构管理公共事务的诸多方式的总和。这是一个有连续性的过程，在这个过程中，各种矛盾的利益和由此产生的冲突得到调和，并产生合作。

而世界银行基于这一概念，重新表达了对治理的新主张：

“治理是通过建立一套被接受为合法权威的规则而对公共事务公正而透明的管理”，是“为发展而在管理一个国家的经济和社会资源方面的权力”。

这段话出自世界银行1992年年度研究报告《治理与发展》。报告进一步论述，治理的基础在于政府的职能从“划桨”转变为“掌舵”，从直接行使权力进行管理，转变为引导各种资源、手段达到社会共同目标。

国内学界也在思考协同治理的中国含义。与此相关的中国版本——善治理念，应运而生。首倡者是中央编译局副局长俞可平。他认为，善治就是使公共利益最大化的社会管理过程；善治的本质特征在于它是政府与公民对公共生活的合作管理，是政治国家与公民社会的一种新颖关系，是两者的最佳状态。

理念的思辨固然重要，但协同治理的初衷是“行动纲领”。在今天的国内，与此相关的实践星星点点，全面实践的例子鲜闻于耳。

2009年11月开始的容桂试点改革，就是一次关于协同治理的全面实践。这是一次发生在珠江三角洲的探索，随之而来的是一系列社会管理机制和公共服务秩序的变革，以及基层民主机制建设的深化。中国文化传统中的民本思想和人本情怀，也映现其中。

或可说，这是关于协同治理的一次特色实践，是协同治理的容桂版本。

探路

第一节 容桂有个“决咨委”

街道政府给决策咨询委员发“开口费”，让他们给每项街道决策提意见；部门设“公共管理股”专门应对舆论，随时准备接受决策咨询委员“传召问询”……

容桂正在探索通过推进社会管理创新，以社会公平为突破口，释放经济发展的各种要素，共同推进“转方式”。据悉，这种创新包括一方面由政府向社会“让权”——将经济社会事务决策交给由党代表、区政协委员、商会代表、居民代表组成的“公共决策咨询委员会”审议，通过政府购买公共服务，将部分社会服务的职能交给NGO执行；另一方面“收权”，实行村居“政社分离”，由政府设立工作站直管行政服务。

通过一系列社会管理创新，容桂将涉及公共利益的经济社会事务交由决咨委去审议，让各种阶层参与管理，体现政府管理的科学性，让公平释放生产力。

1. 先行先试，全国首现镇街“决咨委”

共同治理各阶层合力腾出发展空间

容桂不像其他特大镇，依靠“简政强镇”，下放审批权限上大项目，获得大发展的方式不适合容桂。去年，容桂街道工业总产值超过千亿元，但也存在发展空间严重不足的问题。土地发展空间有限，各类历史上遗留的低效用地较多。也就是说，推动下一次大发展的经济要素掌握在社会不同阶层的手中，容桂要发展，就需要动员社会各阶层共同参与。

这就决定了，容桂下一步发展空间的答案不能简单地从经济决策里找，而是要在行政体制改革里找。容桂的答案是：通过公共决策咨询委员会，将涉及公共利益的经济社会政策交给社会各阶层共同决策，也让每年近20亿元的街道财政开支更科学、更透明；另一方面，通过向NGO购买社会服务，扩大社会服务面，提升效率，让容桂的社会管理变成全社会的事。

改革的目标定位在“效率、服务、公平”上，把着眼点放到转变政府职能、理顺各方关系的核心问题上，动员各种利益群体参与“转方式”中来，致力建设服务型政府，解放基层生产力。这将是容桂下一步竞争力的“隐性优势”。

先行先试首现镇街“决咨委”

“为了让决咨委员可以更好地在社会事务上行使建议权，我们甚至准备给只会说顺德话的委员配上普通话同声传译。”为了让社会各阶层名副其实地参与社会管理，容桂的细心做法让人叫绝。

据悉，容桂街道公共决策和事务咨询委员会去年1月成立，由容桂地区的党代表、人大代表、政协委员、居（村）民代表、外来工代表、工商企业代表等人士组成，容桂街道党工委、办事处统一聘任。

“一般来说，只要是涉及公共利益的政策制定，我们都交给决咨委代表社会各阶层提出建议，增加其合理性和公平性。”原顺德区委常委、街道党工委书记列海坚认为，容桂没有本级的人大代表，听取民意渠道有限制，政府过多介入具体决策很难关照到各个层面上的利益，成立决咨委可以很大程度解决这个问题。

从成立至今，容桂决咨委已经召开了6次会议，分别讨论过政府年度财政预算、城市建设、城市管理，医疗卫生等重大话题。“大到财政预算，小到一盏红绿灯的设置，都是议政内容。而且我们要求当选的决咨委委员热心议政，而不是作为摆设。去年有6位委员因为不作建议，被政府劝退了，今年又补选了6位。”列海坚还透露，政府给决咨委委员们每人发了5000元作一年的调研补贴，“有人开始以为，是不是列书记要我们别乱说话，是掩口费？我在会上说，这是给委员们的开口费，希望大家畅所欲言，多提真知灼见。”

更重要的是，有了决咨委，政府改革的底气更足了，因为委员来自社会各阶层各行业，其意见很有代表性。改革必定存在风险，容桂“转方式”涉及利益群体众多，存在一定的不确定性，政府在一些敏感问题上容易缩手缩脚，但决咨委很好地消解了决策的风险成本。“比如说有一次讨论投资6.5亿元建医院，而容桂一年的建设投入不过一二亿元，这么大的项目难免影响到其他行业的建设投入，但决咨委一讨论，各界代表都形成共识，推进自然顺利了。”一名容桂官员说。

一试即灵的“决咨委”有不断向村居、学校、医院蔓延之势。最近，顺德乃至珠三角首个校务咨询和监督委员会在容桂街道挂牌亮相，在5间学校试行校务咨询和监督委员会制度；甚至容桂马冈社区还成立了村一级的“决咨委”。在涉及到公共资源分配、公共事务决策的任何局部“决咨委”都能发挥作用。

民主监督决策咨询“倒逼”效能提升

探访中我们发现，推行各阶层参与社会管理以后，基层党组织没有削弱，反而得到大大的加强。

据悉，容桂决咨委有一项重要职能——“监督”，委员可以监督政府有无听取意见，可以“传召”政府作出回应。

2010年召开的一次咨询会上，一名委员指名道姓地向在座领导抱怨桂州医院管理中的问题。容桂卫生部门相关负责人很紧张，“这让我感受来自民间的压力”。近两年，非容桂户籍人口子女学位需求紧张。有委员呼吁尽快解决外来工子女入学难。教育部门不敢怠慢，从今年3月份起创造性地推出借读生“积分入学”制度。决咨委也“倒逼”街道各部门成立了公共管理科，以回应决咨委、各民间团体甚至还有来自网络的声音。

基层党建变了。为扩大代表性，街道党工委要求各村居党支部要吸收社会上的优秀党员，通过正常手续进入社区（村）党组织班子，成为社区（村）党组织非专职委员，使社区（村）党组织的决策更能集中民智。目前马冈社区等三个村居党支部已成功实施这一创新做法。

村党组织管理也变了。为体现公平和正义，容桂街道党工委创造性地推行村支书要参照《劳动法》与街道签合同。规定村支书及其家属如有出现违法用地等碰“高压线”的行为，一律不予签合同，不能当村支书。该规定实施一年来，各村没有发生过一宗违法用地现象。“村官不是公务员，不可以用公务员法予以约束，我们现在参照劳动法进行管理，基层战斗力大大提升。”列海坚说。

2. 容桂公共决策和事务咨询委员会参政轨迹

2010年1月22日，容桂街道举行公共决策和事务咨询委员会成立仪式，仪式上为第一届委员会的40名委员颁发了证书。委员会的主要职能是收集民意，开展决策咨询研究，对本地区经济建设、社会发展、民生福利等问题进行动态分析，对涉及全局的重大政策出台和较大的建设项目进行调查研究和论证，并对容桂街道党工委、办事处和有关部门的工作提供咨询意见和建议。第一届公共决策和事务咨询委员会委员由容桂地区的党代表、人大代表、政协委员、民主党派、居村代表、企业界人士以及优秀外来工代表组成。成立仪式结束后，委员会随即召开第一次全体会议，会上委员会的成员就容桂街道2010年的工作计划和财政预算草案进行了讨论，并提出了意见和建议。公共决策和事务咨询委员会的成立，将有助于广泛集中民间的智慧，为决策的科学性提供保障。

2010年3月16日下午，容桂召开城市建设项目规划设计方案咨询会，街道领导、街道公共决策和事务咨询委员会11名委员等参加了咨询会。会上，有关部门对文塔中央商务区、东部商务综合服务中心、高新园区综合配套中心3个重点项目规划设计方案进行了介绍，委员们就上述重点项目的定位、停车场设计等问题进行了热烈的讨论，提出了很多有益的意见和建议。

2010年10月20日下午，容桂街道公共决策咨询委员会开展决策咨询活动。委员们首先考察了德胜河南岸旧城改造项目、容桂东部中心区、容桂行政服务中心以及容桂青少年成长促进会。在随后召开的座谈会上，委员们分别听取了街道办事处、街道国土城建和水利局、区环境运输和城市管理局容桂分局1—9月份工作情况，并就道路停车收费、户外广告设置及道路单行线方案等咨询内容提出了宝贵建议，充分发挥了咨询委员会在公共事务和重大项目决策上的重要作用。委员们在会议上提出的意见和建议，将形成资料后转达给街道相关部门，并作为街道办事处制订政策和开展工作的重要参考。

2010年4月29日下午，容桂街道组织公共决策和事务咨询委员会委员，就桂洲医院易地新建设计方案及投资估算进行咨询。委员们听取了办事处有关部门负责人对桂洲医院易地新建方案具体情况的介绍，并就设计方案的合理性及资金问题提出了多个建议。

2010年5月12日下午，容桂街道政协联络委员会围绕容桂城市管理课题开展政协调研活动。街道政协联络委员会正副主任、政协委员、街道公共决策和事务咨询委员会城市管理组委员、区环境运输和城市管理局容桂分局正副职，以及街道行政服务中心负责人参加了调研活动。

委员们要求城管部门要加大环境污染的惩处力度，尤其是污水偷排；建立道路施工期限的公示制度，促进群众监督；充分考虑长远规划的基础上，设置道路单行线；要加强城管工作宣传力度，利用学校资源利创作动画宣传广告；加强户外广告管理；加大垃圾回收宣传推广力度，设立垃圾分类回收点，尤其是电池等污染性大的废品回收点。

>> 链接

容桂街道公共决策和事务咨询委员会暂行规定

为畅通和拓宽民意表达渠道，加强决策咨询工作，实现决策的科学化、民主化，根据区委印发的《佛山市顺德区容桂街道“简政强镇”试点工作方案》精神，街道党工委、办事处决定成立公共决策和事务咨询委员会（以下简称咨询委员会），并制定本暂行规定。

咨询委员会的职能

1．咨询委员会通过组织参观调研、参加讨论会、举办论坛等方式，定期和不定期为党工委、办事处收集民意，适时提出相关的意见和建议，提供事前咨询以辅助决策，为决策科学化和民主化服务。

2．负责开展有关本地区经济社会发展战略、城市和产业规划等问题的决策咨询研究，为街道办事处各项工作提供咨询意见与建议。

3．负责对本地区经济建设、社会发展、民生福利等问题进行动态分析，对涉及全局的重大政策出台和较大的建设项目进行调查研究和论证，并对决策的实施进行跟踪调查研究，提出相应的改进对策。

4．组织、协调委员，围绕本地区的经济建设、社会发展等中心工作开展决策咨询研究活动；收集、整理有关信息，转达工商企业和社会各界人士有代表性、建设性的意见和建议，供街道党工委、办事处和有关部门决策参考。

咨询委员会的组成及机构

1．咨询委员会委员由容桂地区的党代表、人大代表、政协委员、居（村）代表、新闻记者以及社会各界人士中有代表性的人物组成，由街道党工委、办事处统一聘任，成员人数控制在40人以内。街道办事处提供必要的经费和场所，保障咨询委员会活动的正常进行。

2．咨询委员会设人数5—7人的主任委员会，主任委员会设主任委员1名、副主任委员2—3名。主任委员会由咨询委员会全体成员民主选举产生，主任或副主任由党工委、办事处直接从主任委员会成员中聘任。主任委员会是咨询委员会的决策和协调机构，负责统筹咨询委员会的各项工作。

3．委员会办公室设在党工委（办事处）办公室，主要负责协助主任委员召集和组织开展公共决策和事务咨询活动。办公室主任由党工委（办事处）办公室主任兼任。

4．咨询委员会可根据日常调研工作需要，分别成立若干调研小组，包括经济发展类、城市建设类、社会管理类、民生福利类、公共服务类等小组。

咨询委员会的成员

1．咨询委员会成员必须具备较强的参政议政能力，关心社情民意，热心社会事务，有为容桂经济社会发展作贡献的热心，能够参加咨询委员会各项活动。

2．咨询委员会的成员实行聘任制，聘期二年，统一颁发“容桂街道公共决策和事务咨询委员会委员”的聘书，聘任期满或经聘任双方协商终止聘任关系的，即自动解除与办事处的聘任关系。委员原则上可以连续聘任，但每届新聘任的委员不少于25%。

3．咨询委员会成员可直接向党工委、办事处反映社情民意或提出意见建议，有权了解办事处和各部门除保密事项外的工作部署和进展情况，可到各部门查询委员会研讨议题所涉及的相关资料和档案。街道办事处给予委员会委员每人每年一定数额的咨询津贴。

4．咨询委员会成员必须经常关心容桂的经济和社会发展情况，对街道的公共决策、年度财政预算、重大财政资金使用和项目建设等与社会民生密切相关的事项提出意见，表达各方的利益诉求，充分发挥咨询、监督和辅助决策的重要作用。

5．咨询委员会成员无正当理由累计三次不参加委员会组织的咨询活动的，自动终止其委员资格和与办事处的聘任关系。

咨询委员会议事程序

1. 咨询委员会原则上每半年至少召开1次会议，也可根据情况临时召开专题会议。会议由咨询委员会主任委员会召集，参加人数不少于全体成员的2／3；委员会会议按各抒己见、民主协商的原则议事，不搞集中表决；会议结果由咨询委员会办公室整理后供街道党工委、办事处参考，既要反映委员们集体有共识的意见，也要尽可能反映个别委员的独特意见。

2. 对街道办事处以及各部门日常行政和管理事务的咨询，委员会办公室可以通过书面形式，随时咨询委员的意见，委员也可以随时反映对街道工作的意见和建议。

3. 咨询委员会召开专题会议进行专项研讨，可通知相关主管领导或相关部门派人到会听取意见或回答询问；接到通知的部门和领导应当到会接受询问。

第二节 谁来监督政府

法律存在的前提是一个假设——每个人都有可能违法。这个道理早已熟悉。日常的规章制度也是同理，前提是每个人都可能违规。

政府手中握的是公权，行使公权的执行人却是一个个的个体。谁都可能违规，避免公权私用，权力的制约是监督的本意。

而另一面，人不是神，都有可能犯错。政府中的工作人员也是如此。每天面对大量具体琐碎的事务，即便没有私心杂念，也难免疏忽。更有的时候，政府推出新举措，目的是改善服务，但公众却产生了误解。监督的另一面，是深切的沟通。

制约与沟通，是协同治理的应有之义。容桂的改革者一开始就重视这些，他们创造了一种基于监督的互动机制，尽可能多地设计了公众监督的渠道。这一点，其实是很难做到的。因为，所有的渠道和机制都是监督自己的。

显然，容桂改革者的目的是把自己暴露在公众的目光里。

其中的一些方式并不陌生，但容桂的特色是制度化——渠道固定化，监督常态化，绩效利益化。以往我们看到，对政府监督是否有效，往往取决于地方执政者的胸怀和雅量。在容桂却并非如此，制度化的监督有着自行的轨道。说得更白一些，无论谁当这个官，无论你负责的是哪方面工作，无论你愿意不愿意，你都必须接受被监督这个事实。

接受监督并确保监督机制正常运行，是容桂政府致力的工作，也是其推动协同治理的一个关键点。

1. 容桂论坛很火爆

打开容桂政府网站（www.ronggui.gov.cn），第一眼，你就印象深刻。套用互联网的最新概念，这是一个“用户体验至上”的网站。

在这里，你可以清晰感到自己是被服务对象，因为页面设计是以你的需求为导向的。“快速服务通道”中，六个图标都是市民最常用的需求——行政投诉、婚姻登记、计划生育、户籍服务、法律援助、劳动服务，每一项均附服务电话。“便民查询”中，违章查询、医保查询、电费查询等等，甚至还有公交查询、航班查询、汇率查询。

然而，最吸引眼球的是在网页中央的容桂论坛。光看标题，你就可以感受到火爆程度了。

凤祥南路工程何时了2011—08—05　09：44

乱停车阻塞交通，危及行人安全2011—07—26　09：05

环塘路牛杂店嘈音扰民2011—07—30　10：09

反对在容桂祯祥路公园内设立变压器2011—07—14　20：55

文华路与展业路交汇处跪求抢修2011—06—23　16：39

文明不在朝朝暮暮，人人都想长长久久2011—06—16　11：37

……

论坛页面实时更新，每个帖子的阅读量少则几百，多则一两千，跟帖者众。不仅“容忍”这样字眼刺激的帖子在公众互联网上，容桂机关内部办公平台上还专辟实时窗口，连接论坛。每个政府工作人员打开电脑，第一时间就可以浏览到当日的论坛热帖。

对容桂政府来说，论坛的存在并非是单向的情绪释放口，让大家发发牢骚，而是一个互动的政务监督机制。只要有人投诉，政府就要有人回应，有人解决。

在容桂设立的政府监督制度中，网络监督是一个重要渠道。容桂街道每个职能部门都有专人负责论坛信息收集，检查是否有涉及本部门职责内的投诉，并要求限期回应。逾期不作答复的，街道党工委办公室将跟踪催促；情况严重的，由监察审计办公室介入督察。

私下里，政府工作人员告诉我们，哪个部门都不敢小看这个论坛。先别说被督察了，内部办公网的窗口都连着论坛，工作若被投诉，机关内部都能看到，搁谁脸上也不好看。

于是，论坛很多帖子的后面，很快就有相关职能部门的回应。

2011年5月14日，市民在论坛上投诉“四基食街”烟气污染、噪音扰民。5月19日，容桂环运城管局跟帖回复：

> 环境运输和城市管理局容桂分局回复：我局执法人员到场调查，情况如下，投诉中反映的容桂四基平安路食街烧烤档，均未取得任何证照（无食品经营许可证和营业证照）……现要求所有烧烤档统一安装油烟净化装置，从而减少油烟排放。至于食客喧哗发出噪声，已责令负责人管好食客不明文行为。

政治学者俞可平谈及“善治”时，曾提到一个重要要素——回应性，公共管理机构必须对公民的要求做出及时的和负责的反应，回应性越大，善治的程度也就越高。但同时，人们也知道，这是最难的一点。

政府及时回应，考验的不仅是面对公众监督的态度，还有政府执行力的效率。而容桂，却在论坛的公众互动上实现了少有的效率。

2. 环环相套的紧箍圈

从某个角度说，职能部门对网络监督的及时回应是一个结果，支持这个结果的背后，是容桂在机关内部建立的一整套监督体系。

试点改革后，容桂的职能部门都成了大部门，相应的管理职能、行政权力也扩大。一个新的课题摆在眼前。用容桂纪工委副书记吴新桂的话说，就是如何善用权、敢用权、用好权，而又不滥用权。

围绕着权力的监督，容桂做了一篇缜密的文章。

站在被监督者的角度，这简直就是一束环环相套的紧箍圈。让我们看看这些紧箍圈所构成的监督框架——

街道绩效与作风考评以日常考评与年度考评相结合，以“一评估、一督查、三评议”方式进行。

“一评估”：年底组织评估领导小组并聘请部分街道决策咨询委员会成员及社会有关人士组成评估小组对各单位的绩效考核报告书及年终工作总结进行综合评估。

“一督查”：建立街道公共服务质量督查制度，通过来信来访、意见征询箱、网络投诉反映的情况，以及不定期开展明查暗访活动的信息反馈，对被评单位履职情况、服务态度、工作纪律、办事效率、执法形象等方面进行督查评分。

“三评议”：年底采取他评和无记名方式，分别以基层评议、社会评议和领导评议三种方式对各单位在履行职责、业务创新、清正廉洁、优质服务、依法行政五方面进行立体式的评议。

（摘自《容桂街道工作机构绩效与作风考评方案》）

绩效考评结果直接与每个部门、每个人的绩效奖金挂钩。这样一来，不仅关系到部门领导的问责、表彰、升迁，也把每一个工作人员的利益都捆绑在一起。难怪在容桂探访中，很多部门的工作人员言必谈督查，丝毫不敢大意。

在这些字眼的背后，有着具体的措施。容桂的督查制度包括了特约监察员制度、明查暗访制度、意见箱管理制度等等。

容桂的46名特约监察员，有着特殊的权力，由容桂人大代表、政协委员以及职能部门、社区（村）副职以上人员组成，定期进行明查暗访。在其《明查暗访制度》中，可以看到，明查必须“通过现场拍摄、录像、笔录，询问办事群众、查阅材料等方式检查”，而暗访则“通过暗中拍录，查看监控录像，乔装打扮，深入现场等对督查对象的工作和服务情况进行查访”。

监察员的评价评分不能是感性随意的，他们要搜集证据，做现场拍摄等，所有资料都要归档。给各被评单位打分，每扣一分都要有详细依据。比如，由于“工作人员不在岗”需扣减分数时，必须在原因栏写明“某某部门某窗口某人不在岗扣1分”。

这样的督查制度一出，因为涉及部门利益，在机关内引来轩然大波。吴新桂坦言，他们压力很大，“有人说，监察审计部门鼓动干部斗干部。”而容桂街道领导力挺这一制度，力挺的理由是——既然监督就不能走形式。

从另一个角度看，能够有如此震慑力的内部监督制度，也与容桂纪检监察部门的权力集中有关。改革后，容桂将纪检监察与审计合并，纪委与监察审计办公室是一队人马两块牌子，既有纪检的监督权威，也有审计的技术支持，监督力度更大。吴新桂既是纪工委副书记，也是监察审计办公室常务副主任。

不仅监督人，还要监督财。

容桂制定了《公有资产租赁承包经营管理办法》，大到土地租赁、城市可经营项目，小至公立学校小卖部承包、机关停车场等等公有资产的运营，全部纳入制度化管理。

监察审计办综合股副股长胡炼即说，这一块以前是模糊地带，没有明确的监管手段。比如学校小卖部，想承包给谁就承包给谁，几乎是学校内务。而现在，容桂将所有公有资产都纳入监管，符合条件的必须公开招投标，以杜绝单位“小金库”、暗箱交易、职位腐败等现象。

第三节
维稳中心的角色

若不是看到门外招牌，你会以为这里是某个电信服务大厅——装修色调明快，开放式受理总台，排队取号机、等候区座椅、服务流程指示图等一应俱全。没有门卫，没有传达室，无须登记手续，任何人可以信步进出。

走进容桂综治信访维稳中心，心里预设的紧张感被彻底打破，烟消云散。再仔细观察，你会发现这里内藏乾坤：既有落地玻璃隔出的“人民调解室”，也有标识卡通的阳光社工服务站，受理前台的5个窗口清晰标注“法律援助”、“妇女儿童维权服务”、“流动人口管理服务”等等。

可以看出，这种轻松释然的服务氛围，是用心营造的。在一般人的理解中，维稳中心处于政府应对社会矛盾的最前沿，神经总是绷得最紧。但容桂却反其道，让维稳中心变成了社会秩序的协同治理平台。

1. 容桂特色的维稳中心

试点改革，让容桂综治维稳中心变得与众不同。

在容桂维稳中心的办公楼外，大大小小挂了10块牌子——综治信访维稳办公室、综治信访维稳中心、司法所、信访办公室、禁毒委员会办公室、流动人员和出租屋综合管理服务中心、普法办公室、人民调解委员会、法律援助工作站、社区矫正办公室。

改革之后，在容桂政府机构序列中，这些牌子的职责和人员，全部纳入容桂街道综治信访维稳办公室。而综治信访维稳中心与综治信访维稳办公室，是一套人马两个牌子。对外服务是中心，机关管理则是办公室。办公室内设综合股、信访股、司法行政股和流动人员和出租屋管理股。

改革前后，容桂维稳中心的名称没有变，内涵却已截然不同。以前中心面对信访案件，涉及信访、司法、流动人口管理时，都要跨部门沟通，辗转往复。如今，这些工作都变成了部门内的协调，处理手段可以灵活，适合调解的调解，需要法律援助的援助，真正实现了综治、信访、维稳的一体化运作。工作效率因此大大提速。

当然，改革的另一面是，维稳中心的压力更大了。在维稳中心常务副主任陈燮柔的办公室里，办公桌对面是占满半个墙的液晶屏幕，上面是实时监控画面，监控着维稳中心内每一个公共区域的情况。这里的紧张与服务大厅的轻松，鲜明对比。而在这个屏幕之外，还有一个更大的监控、预警网，覆盖了容桂80平方公里的每一个角落。

机制畅顺了，维稳工作的创新也就有了基础。在很多地方，信访维稳中心往往只是“接案中心”，接到信访投诉，随即批转：请某某单位尽快办理。而容桂信访维稳中心却把更多的责任背在自己身上，工作方式为之大变——改群众上访为带案下访。到哪儿下访？——矛盾现场。

这种下访的工作理念，容桂维稳中心将其归纳为两句话：现场调处为主，分流办理为辅。

要知道，做到这一点非常难。这就意味着，维稳中心的工作人员要从室内办公，改为户外机动，随时准备“出警”，到矛盾纠纷现场去。维稳中心有权召集相关部门，在现场进行联合调解处置。这样做的好处显而易见，面对面沟通，诉求民众无需四处奔波，责任部门没有推诿余地，处理成功率自然提高。按照维稳中心常务副主任陈燮柔的说法，“我们的目的就是彻底解决问题”。

2010年3月3日，维稳中心接到市民陈先生投诉，反映华容一路62号在住宅区商铺开五金加工厂，噪音严重扰民，居民与厂方的矛盾升级。维稳中心马上决定：“请区环境运输和城市管理局容桂分局、综治办信访股下访调解。”两天之后，3月5日，维稳中心、环运城管局同时到现场调查，核实情况后，当即责成该工厂限期迁至工业区。3月12日该五金厂搬迁。陈先生及附近居民对处理结果满意，居民与厂方的矛盾及时化解。

2. 信访也有“售后服务”

与容桂维稳中心打交道，总有意外。

2010年12月，容桂居民刘小姐接到维稳中心打来的电话，这是她没想到的。之前她曾向维稳中心投诉邻居房屋违章搭建。维稳中心组织环运城管局和居委会先后到现场进行了两次调处，最终拆除了违章建筑。此次电话，是维稳中心的回访，询问刘小姐对处理意见是否满意。

这样的电话回访，维稳中心的工作人员自我调侃为“售后服务”，而且是免费的。以前，维稳中心将投诉案件分流到职能部门处理后，很少再跟踪过问，处理结果如何、群众是否满意都不得而知。现在，容桂维稳中心要求每件纠纷处理完毕，都要进行回访。电话回访目的有两点：一是监督职能部门落实，二是征求群众意见，想方设法，彻底解决。

无论是带案下访，还是电话回访，容桂维稳中心如此不怕麻烦，是为了兑现政府对公众的承诺——你有事，我就来。

谈及信访积弊，人们总会提到“石沉大海、不了了之”。电话回访就是为了清除积弊，彻底化解矛盾。而投诉公众，也在维稳中心的主动沟通中，感受到政府解决问题的诚意，避免了情绪激化、矛盾升级。

电话回访的设计，还有一个更细节的考虑。陈燮柔说，对案件办理的监督评估，以往仅靠主办单位的书面反馈。而主办单位的自我评价往往“良好”，实际上，当事人的意见却大相径庭，导致矛盾反复，损害了政府威信。电话回访则改变了评价渠道：主办单位说成功不算，当事人说成功，才算真成功。

容桂维稳中心的电话回访工作已经制度化。中心总台根据案件主办部门反馈的调处情况，在7—10天后对纠纷当事人进行电话回访。当事人满意的，及时归档；当事人不满意的，责成主办单位继续调处；电话回访的结果，作为主办单位年终考核的重要依据。如此一来，电话回访有了实在的约束力。

电话回访的背后，体现的是政府服务的价值取向——公众满意才是第一位。

3. 这里有个阳光服务站

在容桂维稳中心内，有一个独立机构——社工服务站。将社工服务引入信访维稳工作，是容桂的创举。

2011年3月，“容桂鹏星阳光服务站”挂牌成立，办公室就在维稳中心大厅旁侧。阳光服务站与维稳中心之间，是合作关系。维稳中心出资，购买社工服务项目，服务内容是社区矫正、安置帮教及信访接待，项目期限为一年，费用33万元。

在容桂，协同治理的理念已经得到政府与社会的认同。很多政府部门在改进工作的时候，往往主动思考：调动社会力量、引进第三方机制是否效果更好？

维稳中心引入社工服务，就是这种思考的结果。陈燮柔说，一些上访群众情绪容易激烈，或者对政府有心理抵触，政府工作人员难以与之沟通，我们让社工作为第三方介入，对这些群众进行心理调解，给问题的解决创造转机。

虽然让社工介入信访工作，但维稳中心明确规定：社工不是“自己人”。这句话乍一听，令人误解，实际上体现了维稳中心观念的清晰：社工的角色是独立的，不是替政府说话的人，而是与政府工作人员形成互补，缓解矛盾。

为实现这一点，维稳中心给服务站设置了独立办公室，“为弱势服务对象说话，帮助他们找到解决问题的资源”。

除信访接待外，社区矫正是阳光服务站社工的主要任务。社区矫正是我国的一种刑罚措施，与监禁相对，通俗地说就是让罪行较轻的犯人在社区中服刑。容桂街道的社区矫正人员78人，还有100多名安置帮教人员，而社工则需要对其进行心理辅导，防止他们重蹈覆辙。

关注社区矫正和安置帮扶人员的服务，是因为这个群体的特殊性。在普通人看来，他们是社会边缘人，被另眼相看。他们的情绪和行为常常因此而波动，成为社会的不安定因素。容桂希望通过社会组织的参与，帮助这个群体。

叶锡桐毕业于中央司法警官学院，学的就是社区矫正专业。包括他在内，阳光服务站共有3名专业社工。在叶锡桐的办公室，墙上挂着一张大大的图表——容桂街道社区矫正人员信息总表。每个社区矫正人员的个人信息、动态、社工家访记录等等，一一在册。

社区矫正人员的沟通与帮扶，是一件致力长久而收效缓慢的工作。在这个岗位工作一年多后，叶锡桐才有了一点点成就感。一次次的家访之后，有些帮扶对象开始愿意沟通，把封闭的内心打开。最近，在社工的促成下，有社矫人员和义工一道，进行社区贫困家庭探访。这种形式，让他们能够融入社区，体会到帮助别人的积极能量。

除了社工，专业律师也成了容桂维稳中心的一支服务新力量。维稳中心通过招标，出资5万，购买了一家律师事务所为期一年的专业法律服务。服务内容有两项，一是派驻专业律师担任特约调解员，参与维稳中心的民事或行政纠纷调解；二是承担政府部分普法任务，每周不间断地开展社区免费法律咨询。

一切只是开端。问题、矛盾从社会中来，当然也要集聚社会力量去协调。善用社会资源，进行协同治理，将是容桂维稳中心工作不断创新的一个源泉。

第四节
“咨监会”下的教育

在中国，大多数的教育机构都是公立机构，几乎每个家庭都离不开它们。然而，面对这些教育机构时，公众却往往只有被动之感：被招生的对象，被教育的学生，被沟通的家长等等。从某种角度看，教育机构高高在上。

容桂却打破了这一切，让社会公众参与到公立学校的管理之中，把公立学校的运作置于社会公众的监督之下。不是政府办教育，而是政府与公众携手推动教育。

探路

110

1. 是“帮手”，也是“监工”

2011年4月，容桂的5所公立学校请来了“新管家”——校务咨询和监督委员会，简称咨监会。咨监会的委员来自容桂本地的社区代表、家长代表、企业代表、教育专家等等。咨监会不承担具体行政工作，但将参与校务决策，对学校管理进行监督。具体的咨询监督内容，包括学校发展规划、教师队伍建设、德育、招生、社会捐赠财物的使用等等。

容桂教育局常务副局长冯玉明说，这是容桂学校管理体制创新的开始，条件成熟后，这一做法将推广到容桂所有35所中小学校。由此，容桂将形成学校、政府、家委会、咨监会“四位一体”的学校管理新模式。

咨监会的第一批试点，涵盖了小学、中学和职业学校三个不同阶段。每个学校规模不同，办学特色不同，根据各自实际，聘请咨监会委员。但咨监会的定位明确——是社会公益组织，所有委员无偿参与，不领取任何报酬。

瑞英小学是首家成立咨监会的学校，校内有近60个班级，学生2000多人。新成立的咨监会共有委员18人，有大学教授、热心教育的企业家、心理专家等等。“过去也有听取声音的渠道，但是相对太窄太被动，而且比较滞后。”瑞英小学校长刘伦斌说：“每个委员的视角都不同，他们带来了很多思路，将直接对我们的办学理念施加影响。”

瑞英小学为咨监会提供了各种工作便利。除每学期组织1—2次全体会议外，将不定期开展专题会议。委员们可以随时将个人意见提交给学校，校方将在10个工作日内给予回复。

作为职业学校，胡锦超职业技术学校的咨监会有很大区别。咨监会共有30名委员，其中企业代表占了近一半比例。按照规划，校务咨监会的功能发挥将重点放在专业建设上，专业设置如何结合市场的需求等等，需要社会人士的指点。

“公办学校是公共机构，其决策需公开、民主、多听意见，学校的管理也需要接受社会监督。”谈及咨监会成立的原因，容桂教育局局长柯昌松说，咨监会既是学校科学管理的“帮手”，也是推进依法办学的“监工”。

在容桂政府看来，教育不同于其他行业，它的公共性与公益性必然牵动着整个社会。“真正成功的教育是全社会重视及参与的教育，而不是学校的教育。”

正是这种理念，让容桂的教育“打开了校门”。

校门敞开，引来了更多互动。政府有意，社会的参与更是实干。受聘的咨监会委员纷纷表示，不能让咨监会成为摆设。当选委员林奇彪说：“除了能力外，还有热心。这是委员们共同的特点，作为委员会的带头人之一，我身上的担子自然不轻，因为害怕会让这个机构流于形式。”他要整合身边的资源，为学校和企业搭建沟通平台，创造更好的办学环境。

而来自社区的代表樊祥兴则表示，他将侧重具体问题的反映及解决。“比如父母同是外地人，或一方是外地人，子女的上学问题该怎么解决？还有学校周边的治安环境、困难家庭的孩子教育等，都会提出探讨。”

2. 让社会组织“托管”幼儿园

容桂青少年促进会会长佘永亮，如今有了一个新身份——蓓蕾幼儿园的园务监督委员会主任。2011年7月28日，佘永亮接到聘书的那一刻，他就背上了一家公立幼儿园的“托管”任务。

“托管”，是一种形象的说法，其实是让社会组织参与办学。具体到蓓蕾幼儿园，就是由容桂青少年促进会成立园务监督委员会，承接幼儿园的日常管理，包括园长招聘、财务监督、教师绩效考评等等。

蓓蕾幼儿园是容桂的公立幼儿园，原由教育局直接管理。容桂青少年促进会接手后，教育局则抽身出来，角色则从直接管理人变成行业监督人。而幼儿园则采用非牟利运作模式，即办学收入悉数用于日常运作，若有盈余，须用于改善办学条件及提高教职工待遇上，或留作发展储备金。

委托非牟利社会组织，采用非牟利模式，承办学前教育，是容桂另一项创新的开始。

容桂青少年促进会成立于2010年，由顺德热心青少年教育的青年企业家组成，会员还包括退休教育工作者等社会人士。该会成立的宗旨，就是发展青少年公益事业，以民间力量参与社会事务管理。可以说，该会是容桂推动社会管理创新的一个产物。

让青促会“托管”公办幼儿园，是容桂向香港学来的经验。在香港，鼓励社会团体参与办学已经成为一种机制。作为社会团体，香港顺德联谊总会就主办了13所中小学校和幼儿园。这些社会团体所办学校常被称为“资助学校”，学校的出资方是政府，但管理方是社会团体，由社会团体成立校董会，监督学校运作。校董会成员都不受薪，而主办的社会团体还会为学校提供资助经费，无偿捐赠。

就在蓓蕾幼儿园园监会的启动仪式上，容桂青促会会员企业铨锋环保设备有限公司，将一张93800元的支票交到蓓蕾幼儿园园长手中。青促会表示，今后将通过向社会、企业筹集资金，不断提升办学软硬件设施。

如此看来，引入社会组织参与办园，不仅能够将公办幼儿园的运作置于社会监督之下，还能拓宽其经费来源，最终提升教育水平。下一步，容桂希望将蓓蕾幼儿园的经验推广到辖区的幼儿园、养老院等公办机构。

第五章

服务型政府的经济理想

◆ 第一节 “容桂人经济”

◆ 第二节 创新型社会的基本建设

◆ 第三节 民间商会：政府的合作者

2009年的容桂，最头疼的是土地问题。偏激者甚至认为，容桂已经没有发展空间了。

这其实也不是产生自2009年的问题。最近几年，土地问题一直在困扰包括容桂在内的珠三角。只不过容桂的问题更集中，土地空间已“满员”，想见缝插针都插不下去。车间厂房一片连着一片，要扩大再生产，开辟新厂区，却没有余地了。

在容桂，大量土地掌握在村集体经济手中。如果能将这些土地进行流转，这个最头疼的问题就可能得到缓解。然而集体用地能不能流转、怎么流转，这不是容桂官员能决定的事，需要更高层的权衡和决策。

这样看来，2009年的容桂也只有两种选择：一种是等政策，等待高层对集体用地流转问题拿出解决方案；另一种是把流转不流转的问题悬置一边，换一个思路，求解未来的发展。

容桂当然选择了后者。这是顺德人的脾气——1992年的时候没有坐等，那么2009年自然也不会等。

容桂要突围，容桂人在谋求突围之道。

第一节
“容桂人经济”

30多年的快速发展，让容桂有了一份大家业，成了中国镇域经济中的一艘“航母”。家大业大当然是好事，但也有不方便的地方——船大难掉头。“航母”突围，没那么容易。

这几年，容桂出现了一些比较新潮的提法：“空间有限，创意无限”，“精品容桂”等。字里行间，我们能够清晰感到，容桂要告别粗放式，渴望经济转型。

最代表容桂新主张的，是一个新概念——“容桂人经济”，提出者是列海坚。这个新概念，显然不同于以往文件中的“容桂经济”。一字之差，所涵盖的却是另一番新天地。在某种意义上说，“容桂人经济”是新形势下的容桂经济主张，希望藉此实现容桂突围。

容桂想飞，2009年珠江口的这一片小岛想要飞得更高。

1. 一条“迟到”的路

2010年，容桂人好像突然想开了。

几乎就在简政强镇试点改革的同时，这一年6月，一条该修却一直没修的路动工了。这条路以前被叫做“断头路”。路的这一端是容桂，那一端接着的是黄圃镇。

为什么说这条路该修？黄圃是中山市的一个镇，与容桂一河之隔。中山和顺德都曾是“广东四小虎”，两“虎”间架桥修路、往来沟通是顺理成章的事情。

然而，这条路为什么又一直没修，成了断头路呢？

桌面上的说法是，由于行政区划的限制，所以没修。真实的原因是心照不宣的。当初没有修，是因为路的两端各怀心事。容桂担心，路修好了，容桂的企业就流向中山了。其实，如此担心是完全可以理解的。实际上，路还没有通，有些容桂企业就跑到中山开厂了。这样看来，修这条路就是在挖容桂经济的墙角。明摆着是吃亏的事情，谁会干？

2010年6月，“断头路”动工的消息一传出，许多熟悉内情的人大跌眼镜：难道容桂这一次犯傻？

世间的事情往往如此：剃头挑子一头热，办不成事。一条路，两端都有了诉求，才会水到渠成。修这条路，黄圃方面招商引资的诉求自然得到满足，那么容桂呢？

时过境迁，此容桂已非彼容桂。对这条路，容桂也有了自己的诉求：土地空间已被占满，企业扩张需要新的空间，一河之隔的黄圃还有大量用地，修路是顺势而为。

列海坚并不掩饰容桂的诉求：“突破行政界限，不仅能让容桂获得发展新空间，而且对产业结构的调整也是一个大的推动力。”

要通的不只是一条路。仅仅和中山的黄圃镇，就还有3条路在施工或筹备中，包括黄圃镇成业大道与容桂桂洲大道一段，以及“阜港公路连接段”、“容桂外环路高黎至华口段”等。

私下里，我们问列海坚：修通了路，企业真跟着走了，容桂怎么办？

列海坚回答：跟着走的是加工环节，核心环节还在容桂，容桂没有什么损失。再说了，容桂老板的家还在这里，他们的企业总部还在这里，无论白天去哪里，晚上还要回容桂，在这里消费。他们的两个“家”都在容桂。

他接着说：这不是完全搬走，是异地扩大规模。更何况，他们的产品，写“顺德生产”和写“中山生产”，价格都不一样，“顺德生产”的价格都高。

显然，列海坚并不担心“修路后遗症”。他的自信来自哪里呢？

如果联系修路前后的系列动作，就能发现：容桂在搞“经济扩张”。与其说修路是顺势而为，不如说是主动出击。

“四路通中山”还不够，容桂与黄圃镇一开始签订了两地紧密合作框架协议，涉及道路交通、产业发展、环境保护等。有媒体评价：此举标志着容桂在珠三角一体化的框架内，率先与中山北部实现同城发展。

与此同时，容桂和另一个邻居——广州番禺区的大岗镇，也明确了整体合作意向，志在实现两地经济、交通、文化等全方位对接。

对容桂而言，与大岗合作有更具体的指向，是一个未来布局。大岗镇正在打造两大基地，一是全国重型机械生产基地，二是中国船舶生产基地，预计产值将很快达到千亿。一方面，两大基地急需机械加工业配套，而这是容桂的强项；另一方面，容桂的产业体系虽相当成熟，但欠缺重型机械这一块，可以和大岗互补，丰富容桂的产业结构。

你有剩余土地，我有产业资源；你有所长，我有所短。双赢，互补，容桂搞的是和平扩张。套用一句外交术语，这是容桂的“双边战略”。

列海坚坦言：今后再造一个容桂，已经没有土地空间，必须与周边镇街加强合作，而珠三角一体化战略为容桂的发展迎来了契机。虽然相互间有竞争，但合作空间更大，也更有利。容桂要以包容的心态与周边城镇进行合理分工、错位发展，促进区域间要素与经济的融合，靠区域整合创造超常规的速度。

2. 丰田老厂的启示

区域整合是对外的扩张策略。对内呢？是精品容桂战略。

在顺德各街镇中，容桂的经济实力最大，但地理面积最小。80平方公里的土地上，厂房林立，注册工商企业有1.8万多家，僧多肉少。

所谓精品战略，说到根子上，是对集约发展的引申表达。容桂的“内改造”，要走集约的路子，单靠政府一方来推是不行的。

从大的方面说，集约发展、精品路线对谁都有好处。但具体到一家企业，精品虽好，还是不如给一块地来得快、来得实惠。这也是列海坚头疼的问题。和企业家坐在一起，经常面对的就是“讨地”。

一次，列海坚和容桂商会的企业家们一起去日本名古屋，研修学习丰田汽车的精益生产。在去的路上，同机的一些企业家又向列海坚“讨地”，列举各自企业发展如何迫切需要新的土地，又触着列海坚的“心病”——容桂已经没地了。

在日本行程中，他们参观了丰田下属的一家老厂，该厂已有40多年历史。这家老厂每天生产300多辆面包车。几十年间，厂房从来没有扩建过，产量却不断增加，品种还不断翻新。车间里，生产设备显然用了多年，分属不同时期，流水生产线都是立体的，最多有三层，2米高的大车体在空中轨道上传来传去。车间里根本没有闲人，更多的情况是一个人在操作多台机器。员工不断改善流程，成本不断降低，企业把效益增加部分反馈给员工，给员工加薪。看到此情此景，列海坚和同行者若有所悟。

岛国经济，土地资源有限，精益生产是出路。这给处境类似的容桂经济带来了启示。回来后，列海坚和同去的企业家开玩笑：“今后政府可以不用再供土地给你们了，如果有日本公司高效的用地模式，绝大多数的企业根本不用再买地。”有同感的企业家说：“不是不用买地，而是现在有的企业还可以让出一部分的地，容桂提出‘空间有限、创意无限’，现在发觉有创意后，空间也变得无限了。”

有限空间下，企业的出路是精益生产。但列海坚和他的同事们经营的不是企业，而是整个容桂。容桂又如何实现“精益生产”呢？

2011年1月，列海坚在接受《南方日报》记者专访时，解释了“精品容桂”的具体路线：

首先是精品经济。所谓精品经济，即凡是好的精品元素都在这里集聚，是与传统粗放型经济相对应的，处于产业链高端部分的产业形式，具有拉动作用大、附加价值高、资源消耗少的特点。基于目前的经济发展水平，容桂今后必须走城市经济的发展道路，重点是在提升第二产业的基础上，加快发展以工业企业服务业为主的现代服务业发展。

二是精品城市。容桂从农村走向城镇化的过程已经完成，但是从城镇化走向城市化的跨越走得较慢，这是一个从量变到质变、从平面到立体的转变过程。我们要抓住顺德围绕德胜河“一河两岸”打造城市核心的重大机遇，主动对接“一河两岸”中心城区规划，集聚各种资源之精粹，推动

“容良组团”的同城发展、共生共赢；要在城市文化的“形”和“神”上下功夫，在提升城市硬件设施的同时，加大力度提升城市软实力，梳理和提升城市管理，将水乡特色、岭南文化等元素融入城市建设和管理中，彰显现代化城市的独特魅力和活力。

三是精品服务。作为地方政府，容桂要永不停步地改善投资环境，不断输出更多精品公共服务，让居住环境更优良、公共服务更完备、市民生活更安康。我们一定要坚持效率优先的原则，充分调动各方参与经济社会管理服务的积极性，不断完善政府、市场、社会和公民紧密互动的协同治理机制，让有限的资源产生最大的社会效益。

四是精品文化。文化是一个城市的灵魂，我们下一步将从文化挖掘、创新、普及三个方面做一些探索，围绕精品做文章，特别是时尚文化方面。去年我们成功举办了广东省汽车漂移总决赛，全国交谊舞大赛等等，就是希望更多的文化精品来到容桂，变客场为主场，吸引更多人流物流来容桂，带动城市形象的提升。

五是精品人才。人才是区域发展的动力。我去过中科院的几个基地，他们挖掘和吸引世界上的顶尖人才的魄力和投入是惊人的，容桂也要有这样的气魄。我们设想从今年开始，每年由政府投入1000万元，发动企业投入1000万元，五年就可以筹到一亿元，将之作为人才补贴。目前，我们的设想也得到了区里的认同，区里也可能出台一些新的举措来加大对引进人才、留住人才的政策与资金支持。主要目的，是要通过人才来带动产业和区域发展。

3. 基于“根经济”的战略

外扩内精，是“容桂人经济”，但不是全部。列海坚在提出这个概念的同时，就将其付诸实践，初见成效。

其实，理解这个概念并不难，只要你长期关注容桂发展，就会发现：过去二三十年，容桂的企业不断扩张壮大，但总部始终没离开容桂。或者说，枝叶伸向世界各地，根却一直扎在这里。实际上，不仅容桂，顺德的“土著企业”都有这个特点。

经济地理学上的珠三角，一般被划分为两半，一半叫珠江东岸，另一半叫珠江西岸。进一步引申，也就得出了两个概念：东岸经济和西岸经济。东岸经济包括深圳、东莞、惠州等，西岸经济包括顺德、南海、中山等。

东岸经济和西岸经济有着不同的特点，最大的区别是：东岸靠外资拉动，西岸成于草根经济。顺德是西岸经济的代表。其草根经济的主体，生于1992年的那次产权改革，对本土的归属感强，此后依本土而壮大，直至今天。

土生土长的列海坚，对顺德的草根经济体察深悟。执政容桂后所言的“容桂人经济”，就来自这种认知。

“容桂人经济”根于一种绵绵不绝的乡情，根于本土企业家与生俱来的归属感。容桂企业的海外扩张早就开始，但这些企业家一年大半时间还生活在容桂。他们说，在别处，喝口粥味道都不对。

再回到珠江东西岸的话题上。如果说东岸经济的关键是留住“外人”，那么容桂所属的西岸经济，要留住的是“家人”。而“容桂人经济”，不仅要留住“家人”，还要服务“家人”、帮助“家人”壮大。

列海坚这样解释“容桂人经济”：

“经济发展不能只画一个圈，圈住了自己就走不出去。以前容桂企业自发出去，已经在中山创造了几百亿元规模的产值。我们现在提出‘容桂人经济’的概念，只要是容桂人赚钱，不一定要在容桂的土地上发展。企业家可以利用一切有利资源去发展自己，不在容桂发展我们也乐观其成。中国人去到外国发财，你的人还算中国啊。”

“‘容桂人经济’从意识上就是要解放思想、坦开胸怀，打破对容桂经济的片面理解，推动经济发展从传统的GDP模式向GNP（国民生产总值））模式转变。从行动上就要突破行政地域界限，加强与周边地区的合作，帮助容桂企业拓展外延发展空间，引导企业总部留在容桂，将初级生产拓展到周边地方，形成‘前店后厂’的发展模式，推动有容桂特色的总部经济发展。让企业感到灵魂在这里，其他的出去也就出去了，无所谓的。”

第二节
创新型社会的基本建设

顺德，本就以敢变、谋变著称。作为顺德最大镇街，容桂更是首当其冲。

容桂谈创新，不设前提。市场变，企业跟着变，发展就有了新需求，各种制度和机制也要跟着调整、跟着变。不变就跟不上，跟不上就是落伍，落伍就会被淘汰。30多年来，容桂就是这么一路变过来的。变就是最大的不变——这在容桂是共识。其实，创新就是积极的变。

试点“简政强镇”，对容桂而言，是大环境下的一次机遇，也是内生需求。容桂要借试点机遇，解决实际问题。广东高层选容桂试点的用意也在于此——容桂经济发达，遇到的都是新问题，有代表性。

说是试点，就是自己给自己“动手术”。从两个“自选动作”——政社分离和社会管理改革看，容桂试点就是一次硬碰硬。两个问题，不惟容桂所独有，在全省乃至全国都有代表性。这样的硬碰硬，就是趟一条新路出来，就是一次创新，就是发展中的问题在创新中解决。

如果问，容桂试点做了什么？一言以蔽之，向服务型政府转型。转型，就是不再做全能型政府，不再当划桨者。转型后的政府是掌舵人。

转型即创新。

既然明确了新的发展观——“容桂人经济”，那么如何让容桂人的创新激情变成一种持久力，或者说，如何让容桂尽快步入创新型社会呢？而不再是划桨者的政府，在其中将扮演什么样的角色呢？

1. “中科院容桂特区”——修一条自主创新的“国道”

对于转型后的政府角色，列海坚有一个清醒的认识：

“容桂经济的转型升级，政府能直接作为的不多，而且政府的作为也是一个漫长的过程，不要期望一个措施马上就见效。就像容桂这次的改革，虽然不是直接奔转型升级的目的，但是经济要素循环加快了，就必然会促进经济的转型发展。”

我们看到，在试点改革前后，容桂的官员们同时在抓修桥铺路，在搞区域合作，在抓各种配套机制的建设，或者说，在大搞“基本建设”。

显然，这是政府能直接作为的。容桂在根据自己之所需，为步入创新型社会进行要素配置，确立相应的市场机制和空间条件。

2010年7月，容桂出了一个大新闻——中科院入驻容桂。这不是一般的入驻，一年前双方的意向还停留在“工作站”的层面，如今扩大为“基地”。同时，共同注资成立股权投资基金，原本的科技引进一下子提升到资本合作的层面，实现了技术、人才、资本三位一体的全面合作。

双方行政级别相差如此悬殊，却在深度握手。

中科院广州分院院长陈勇说，行政有级别，但科技、产业没有级别。“联姻”的背后，是容桂企业对自主创新的渴求。

中科院与容桂的深度握手，要追溯到2008年10月。当时，列海坚带领万和、德美化工、恒基实业、伊之密等20多家容桂知名企业赴京考察，参观了中科院高能物理研究所、自动化研究所等，并与中科院北京分院的专家召开了技术合作洽谈会。期间，容桂表达了与中科院合作的意愿。

很快，中科院专家回访容桂，专题调研，双方初定合作框架。2009年1月，容桂与中科院广州技术转移中心签订科技合作协议。2009年4月，“中国科学院广州技术转移中心顺德工作站”正式挂牌。

同时，容桂出台《容桂街道支持院地合作实施办法（试行）》，设立了院地合作发展专项资金，并规定在3年内每年财政安排不少于300万元支持院地合作项目。

“工作站”主要提供的是技术服务，与后来的“基地”概念相去甚远。

谁想到，工作站“开业”一年，成果出人意料：对接企业技术需求70多项，促成12个项目与中科院下属院所达成合作。容桂企业很快认同了这一方式，而且不满足于目前的合作深度。

随后，容桂与中科院再度磋商，一个“中科院容桂特区”的方案浮出水面。2010年7月，“中国科学院广州技术转移中心顺德基地”在容桂正式挂牌。

相比于当初的工作站，特区式合作有五大方向：共建科技成果转化风险投资基金；借助中科院“百人计划”，为容桂引进高端人才，其服务年限视工作而定；根据企业需求，派出团队进驻容桂；鼓励中科院院所与容桂企业共建研发中心或实验室；举办培训班，为企业培养技术队伍。而后，中科院60多名科技精英常驻容桂。

一条自主创新的“国道”，就此竣工。

此次“深度握手”，还诞生了一个院地合作的新模式——2010年10月，广东国科创业投资有限公司正式成立，简称国科基金。

国科基金是股权投资基金，有6家股东，分别是容桂街道、中科院和4家当地民营企业。成立之初，便募集资金3亿元。这家机构采取投资成熟期企业和成长期企业相结合的策略，投资视野锁定在节能环保、新材料、通讯电子、高端制造、生物医药领域。

谈及这次合作，陈勇后来对媒体说：容桂的党政班子很有活力、很有能力、很有激情。容桂有了不起的企业家，这些企业家有对技术的强烈需求。容桂想做事、能做事、能够做成事，这就是中科院牵手容桂的真正原因。容桂也是我们积极探索科技与经济结合模式的试验区，实践成效对广东省乃至全国的政产学研合作具有重要的示范意义。

在与容桂打交道的过程中，陈勇发现容桂的很多企业家带有山东口音或四川口音。他对此感慨：很多容桂企业家是外地人，说明这个地方不仅有资金，有技术，还有包容力。有了包容力，说普通話的专家才能和说粤语的企业家打成一片。

而在这次合作中，容桂也有容桂的算盘。

列海坚在面对媒体时，也公开袒露了自己的想法：容桂不仅要继续以当年“招商引资”的气魄来“招商引智”，还要探索如何盘活机制，吸引技术、资金、人才等要素向容桂聚集，用智慧不断激发出创新的活力。

在“引智”的过程中，容桂不是一味花钱在建设平台上，而是与市场紧密接轨。引导更多的科研机构、中介机构落户容桂并生存下来。容桂街道不是直接给钱给这些机构，而是间接推动。他们适当补贴企业，由企业去向科研机构、中介机构“下订单”。因此，这些机构有没有生存机会，就要看企业认不认同，挑不挑你。“订单式研发”，也使科研机构、中介机构为企业提供的服务更加扎实，与市场结合得更加精准。

中科院是中国科技研发的主力军，但仍然有很多优秀的科研成果希望通过企业的承接来转化。容桂有庞大的制造业基础，加上许多企业对自主创新的强烈渴求，这样的合作可谓珠联璧合。

列海坚还有一个“算盘”：我们希望通过与中科院的合作，更快、更多地去发掘人才，引用人才。我们借助中科院的“全球人才跟踪系统”，已经专门成立了“中科优才引进办公室”。说句开玩笑的话，在中科院实施的“百人计划”之内，我们的企业能争取到第101个、第102个，就受用无穷。

在列海坚看来，实现产业技术自主创新的跨越、战略性新兴产业发展的跨越，都离不开一个城市的承载能力和聚合能力。一个有为的政府，除了要不断改善城市环境，加强城市建设，形成“引人聚人”的硬件，还要善于运用智慧盘活各种机制，为创新所需的人才、技术、资金提供强有力保障。

2. 新经济力量的“再造空间”

以创新再造新的经济发展空间，在容桂成了一个新潮流。政府对企业，特别是中小企业创新的鼓励和扶持，有目共睹。有两个事例可以说明这一点。

外来创业者成了当地“经济人物”

第一个是关于一家电子商务公司在容桂的创业故事。

这家公司有个很“网络”的名字，叫“小冰火人”。创业者是一对夫妇，都不是容桂人，丈夫彭利民来自武汉，妻子原媛是西安人。二人最初是科龙引进的高材生，十几年前就落户在这里。

2006年，他们开始了自己的创业。最初，原媛在淘宝网开了家个人门店，卖面包机等顺德产的小家电。开网店本是一时念头，却收获意外：第一个月就盈利4000元，第一年销售额竟然达到了200万元。于是，彭利民辞去了企业高管，加入妻子的创业中。“小冰”和“火人”，夫妇俩的网名由此成了公司的名号。2010年，小冰火人的网络销售总额达5500万元。彭利民说，2011年他们预期能够达到1.5亿的销售额。

仅仅5年时间，就有如此迅猛的业绩，彭利民夫妇成了容桂创业的一个新传奇。但说起其间的经历，彭利民却说他们差点离开容桂、错失良机。

2009年，彭利民夫妇打算把公司搬到浙江义乌。一来义乌是小商品集散地，当时的网络销售靠商品种类取胜，在义乌便于采购；二来网店的根据地是淘宝，而淘宝所属的阿里巴巴公司总部在杭州，与运营商的沟通很重要。

搬还是不搬？这可不容易下决心。此时的小冰火人发展势头非常好，代销的顺德家电业绩翻升，一旦离开，会不会受到影响？

这样的问题夫妇俩讨论近一年，但选择的砝码仍在天平两侧摇摆。

2010年，他们终于下定决心：留守容桂。彭利民说，这个决心源于他们逐渐清晰的判断——扎根产业基地更适合电子商务发展。

事实证明了这个判断。

一次业务往来，彭利民看到顺德家电企业小熊电器生产的酸奶机。他当即判断，这款产品最适合网络销售。小熊电器只是创办不久的小企业，对电子商务很陌生。彭利民靠游说拿到了小熊酸奶机网络销售的代理权，结果营业额大幅增长，网络销售额远远高于线下卖场，小熊电器“触网”即成名。

由此，小冰火人与家电企业的合作更加直接、深入。从网络代销，到协助制定品牌规划、参与网络专售产品的设计等等，形式多样。由于直接与制造企业合作，免去中间环节，成本低，效率高，小冰火人的发展优势更加突出。目前，小冰火人与近20家顺德企业密切合作，这些企业也由此拓展了网络销售空间。

彭利民庆幸当初选择了容桂。同时，他也发现，在这里创业还有另一个好处：当地人的商业素质高，服务意识强。小冰火人的年轻职员大多是容桂本地人，相当部分家庭殷实，甚至有富二代。“我们的网络导购员，薪水并不高，但本地员工对顾客总能不厌其烦，服务心态很好。”

或许彭利民并不了解，容桂早有俚语：挑货的才是买货的。在这样商业传统中熏染出来的容桂人，对待顾客的百般挑剔自然会耐心有加。

彭利民说：“论规模，小冰火人在容桂是个小公司，算不了什么。”然而当地政府对小冰火人重视有加，引荐来国科基金，帮助小冰火人融资。

2011年1月，彭利民成为容桂“年度经济人物”。入选的理由是：他推动了容桂电子商务的发展，引领企业发展模式的创新。

车翼物联是容桂人的二次创业

车翼物联是容桂高新区内的一家新公司，最初是几位当地企业家联合投资的。在相关资料中，我们看到这样的介绍：“由企业法人和风险投资公司斥巨资打造，并与中国电信、太平洋保险公司三方结成战略合作，横跨电子商务和现代物流两个领域。”

物联网在中国还是个新概念产业，业内人士预测，物联网将会成为下一个万亿元级的通信业务。

但容桂的这几位企业家投资车翼物联，不是为了炒概念，投资出于切实的需求。他们各自的企业都需要这种延伸服务。

黄淼是其中的一位股东，对车翼物联的前景非常自信：“从全国来看，车翼公司的服务全面性也将是第一家。”他的另一个身份是广东德怡电子科技有限公司董事长。

面对媒体时，黄淼列举传统物流的弊病：“我们传统的物流效率低下，整个管理模式远远不能适应现代物流的需要。”黄淼说，一些个体户往往在一块场地内租一个铺位，然后各自分散收货，寻找车队挂靠，组成一间物流企业。因为信息沟通不足，物流企业往往不能及时找到前往目的地的车辆，而货车司机又往往因为货载不足难以成行。”

车翼物联董事长陈伟禧道出物联网的优势：传统物流市场除了车货信息不对称，运输市场组织管理混乱，带来一系列问题，包括运输服务质量不可靠，实时服务信息滞后等。物流行业的人都知道，传统物流种种弊端，关键出路在于物联网。物联网是一次以信息化手段带动物流行业的革命性变化。

车翼物联这样描述自己：在这个平台上，有货无车、有车无货、车货安全失控等问题将不存在。

从全国来看，物联网产业目前还在概念阶段。有了几位股东各自企业真实的物流需求，车翼物联第一步就走得很实。新产业引导传统需求，容桂人在二次创业。

物联网产业从概念到实体，容桂的企业家已经走在了前头。

3. 德胜河畔的创意之城

在厂房参差、建筑林立的容桂，却有一个舒缓的所在。其实也是一片旧厂房，在德胜河南岸，却早已褪去了曾经的紧张、忙碌。旧厂房不再是旧厂房，开始成为自然、历史记忆和艺术灵感的载体。

它正式的名字叫德胜创意园。

这批旧厂房，建于20个世纪四五十年代，在德胜河大堤外，是一群2.5公里长的灰砖、红砖结构，属当时的沿江工业带，曾经很有名气的顺德缫丝机械配件厂、容奇粮食加工厂等就在这里。这是顺德的老工业区。如今，历史使命已完成，多数早已废弃。

近年来，容桂开始“三旧”改造，这片旧厂房就成了改造对象。寸土寸金的地方，突然多出了这么一块空间，人们的目光全都盯在这里。拆了建新厂房，似乎成了自然而然的选择。

然而，容桂最终并没有拆掉这批旧厂房，改造一下子变成了创造——旧厂房变成了城市化过程中的“历史文物”，被收藏在今天的德胜河畔。

列海坚说：“我觉得容桂的城市化，必须要一个精神上的聚合点。比如说西方很多城市的精神聚集点就是教堂，有教堂的地方就有寄托。我们的城市中也必须有一个价值认同的精神空间，从城市的意象中也会表现出来。所以现在容桂人是聚集，但必须要有思想的载体，有相应的设施，让大家愿意把精神寄托在这个地方。”

容桂人要把这段历史记忆变成“精神圣地”。

在创意园中，专门辟出一块地，建设工业历史博物馆。博物馆中的一些陈列品，还是改革开放的中国记忆。改革开放后，中国第一家“三来一补”企业——顺德大进制衣厂遗留的众多物品，顺德生产的第一台电饭煲、电风扇、电冰箱等都成为镇馆之宝。原容奇食品厂的一座高达近50米的烟囱成为博物馆的地标。

其实，创意之于容桂，还有着更丰富的含义。“精神圣地”也同样具有产业前景。德胜创意园的出现，也成了容桂乃至顺德发展都市型产业的契机。

相关规划显示，整个德胜河南岸片区规划总面积达103.9公顷，总用地面积66公顷，预计投入资金46亿元，目标是将其改造成集居住、商业、商务、文化、休闲娱乐功能于一体的开放式复合型滨水街区。而创意园将致力于打造成集创意、研发、设计、培训、展览、时尚、文化生活、休闲娱乐、商务为一体的创意工业产业园，成为现代容桂的新景观。当地知名企业万和、华润、德美等合资成立的广东宏德富投资有限公司，成为德胜创意产业园的投资者、运营商。

2011年3月，法国美术家协会与德胜创意园签署战略合作框架协议，中法（顺德）艺术交流中心落户创意园。法国美术家协会主席雷米·艾融现场表示，这是历史性时刻，我们将从这里开始，把中法艺术交流中心打造成为一个让同行认可的世界级艺术与设计交流平台，推动中法两国文化艺术共同进步和发展。

第三节
民间商会：政府的合作者

容桂的民间资本充裕。容桂企业家对资本的态度，也和国内很多地方不同。一位当地官员曾对媒体谈到，容桂企业对风险投资有自己的认识，似乎并不那么迫切。他们的融资一般在各自的圈子里解决，企业家互到对方企业开会，甚至参与表决，都不是什么奇怪的事。

显然，容桂企业间的内在关联很紧密。几个企业家坐在一起，喝着早茶，说着“德语”（顺德方言的谐称），筹划投资一个新产业、新项目，是经常的场景。我们上文中提到的车翼物联，就是这么产生的。

或许就是这样，容桂商会也给人留下了不一样的想象空间。

最近一次的容桂商会改组中，广东恒基实业董事长孙志恒成为新会长。而孙志恒的另一个身份同样引人关注——容桂第一届决咨委主任。外人眼中，孙志恒是个有“公心”的人，对肩上的社会责任看得很重，由他来担任这个角色，再合适不过。

容桂商会是民间组织，也是自治机构，会员单位中很多早已是名声在外的企业。改组后的容桂商会，在容桂公共事务中扮演了不同的角色：慈善大使，教育推动者，政府与企业的桥梁等等。实际上，我们在德胜创意园等新兴产业中也能看到他们的影子。

在国内经济发达的地方，政府与企业的关系是一个很难处理的问题，其中太多的分寸感都难于拿捏。政府有推动地方经济的责任，但是随之而来的政策指令又很容易变成对企业的插手和干预。而企业呢，自然不愿意别人干预自己，可对政府掌控的社会资源也有诉求。两者间的关系剪不断、理还乱。

在列海坚看来，企业的事情企业处理，政府不干预，政府要做的就是创建机制、修桥铺路、穿针引线，是引导者，是服务者。

这样一来，商会在容桂就成了一种社会机制，当企业的代言人，做政府在社会管理和公共服务的合作者。商会能办成单个民营企业想办而难以办成的事，能承接政府做不到、做不好或不便去做的事。

另一方面，当企业发展到一定规模，对社会管理和公共事务自然会有参与的诉求。很多事情已经无法说清到底是企业的私务还是社会的公事。

容桂50万常住人口中，有一半以上的外来人口。外来工管理，在很多经济发达地区都是让政府头疼的问题。而容桂的企业却主动参与到这项事务中。

容桂商会的众多会员企业，自发设立“互助基金委员会”制度，企业的外来工遇到疾病等突发事故，可以申请经济上的援助，以解急难。这一做法被比喻为“企业内部社保”。商会的会员企业还和政府合作，在容桂建设“员工村”，解决外来工居住问题。

职业教育也是容桂企业家特别关注的事情。容桂企业需要大量高素质的技术工人，职业教育的水准直接关系到这些企业的人才供给。除了在已有的职业技术学院设立奖教奖学基金，容桂企业家还筹划与政府合办新型职业技术学校，为此专门到中国台湾、德国等地考察取经。

容桂的企业家对社会事务参与的热情很高，参与慈善事业，推动教育进步，乐此不疲。商会自设了“容桂商会扶贫助学基金”，对容桂低保、孤寡等困难家庭进行扶助。而在容桂街道慈善会组织的活动中，商会更是活跃者，几无缺席。用容桂企业家的话说，“只要政府肯牵头，你出酱油我出鸡，我们都愿意。”

“你出酱油我出鸡”，是顺德的一句俚语，意思是你提由头、我出大头，共促一事。容桂企业家们愿意以资金支持有社会价值的公益活动。在他们看来，积极参与这些公共事务，帮政府就是帮自己。企业扎根容桂，水涨自然船高。

黄淼是容桂商会秘书长，谈到商会功能，他说了四点：一是调研产业结构，表达企业意见，协助政府出台产业政策；二是推动企业培训，提升企业素质；三是承接政府对企业的部分服务功能；四是参与公共事务，辅助弱势群体，促进社会稳定。

显然，容桂商会不是老板俱乐部。商会还分设了职业经理人协会，给容桂企业中的职业经理人提供交流与提升的平台。孙志恒说，容桂商会应该承担这些社会责任，要将其打造成中国的一流商会。

商会促进政企沟通，政府因此更直接获知企业需求，对企业的服务也更为充分、有效。容桂多次举行政企座谈会、税企座谈会、中小企业座谈会等，商会会长、理事与街道领导面对面，提出企业对政府服务的具体需求，包括引进人才、建设电子商务产业园等等。很多建议后来被政府采纳。

2009年11月，列海坚带领容桂20多名龙头企业的老板到南沙考察龙穴造船基地，为容桂企业对接船舶配套产业寻求商机。容桂政府还多次带领企业考察清远、江门、云浮等地，为企业谋求新的发展空间穿针引线。在某种意义上，容桂政府担当了企业转型升级的免费公关公司。

案例分享

容桂企业全省首推“内部社保”

推行“内部社保”，成立互助基金委员会，员工一踏入公司，就可以享受社保之外的另一重保障。笔者在顺德容桂商会采访时获悉，容桂辖内诸多大企业，为了稳定员工队伍，促进生产经营稳步发展，大胆创新关爱员工的长效机制，在佛山率先推出“互助基金委员会”制度，在公司员工遇到突发性人身伤害、交通事故、严重疾病以及家庭遭遇突发性事故需要资金时，能够及时提供在治疗上、生活上的紧急援助。

基金主要来源于员工捐助

笔者在容桂商会采访中了解到，企业互助基金来源主要是员工捐助。企业根据员工个人月工资收入划分等级，按比例在每月工资中划出捐款构成为互助基金，如月工资收入1000元以下的捐助3元；1000—2000元的捐助5元；2000元以上的捐助8元，以上捐助的互助款项将全部纳入基金会作为储备基金，不作退还。

为使基金能得到更合理、更恰当、更有效的应用，企业成立了由户籍、地域、部门、车间管理人员，员工代表组成的基金会组织机构，该机构由主任委员一名、副主任委员一名、财务委员一名和委员八名组成。

如何保证基金会合理、有效、公正、健康运行？在广东恒基实业集团采访时，一名负责人告诉记者，公司必须严格健全账务管理制度，账目及资金使用情况实行月度审核季度公布，接受广大员工的监督。在处理意外事故和特殊问题时，委员要参与调查和审议，并将情况及时向公司领导汇报，结果及时公布。“主任委员的借款审批权限为3000元，借款3000元以上和公共事务开支及个人援助项目要半数以上委员通过方能生效。”

阿军是容桂恒基实业集团员工，2010年被查出患有胰腺癌，治疗费用不菲，共花去7万多元，其中社保负担3万多元，另外的需自掏腰包。今年4月，他向该公司互助基金提出救助申请后，基金委员会的10名委员聚在一处，查阅了住院凭证，决定为阿军发放2万元救助金，为他解了燃眉之急。

借用基金必须有两名以上的人担保

据容桂商会相关负责人介绍，需要借用基金的员工，必须由本人提出书面申请，并找出承诺的两名或以上担保人，公司所在部门负责人要根据借款人的实际情况和偿还能力以及担保人的资格条件进行审核并签署意见，由借款人交基金会审批。如借款金额超过借款人工资两倍或3000元以上，但担保人实际上无担保能力的，则由基金会主任召集全体委员讨论决定。借款人原则上“前债未清后款拒借”，特殊情况要经委员会讨论，要有80％委员同意才能续借。

据了解，能够做担保人的必须是在本公司工作满半年以上的员工，而且不是基金会成员。其本人在基金会无欠款，并有能力一次性偿还担保人的借款，否则无担保的资格。

如借款人无法承诺还款，或无经批准自动离职的，怎么办？“应由担保人履行还款义务。辞职和被辞退的员工凡是有借用基金的必须全额归还，否则用其未发之工资进行抵扣，若金额不足的则由担保人负责偿还。”恒基实业工会一负责人介绍，贷款担保责任人在未完成担保责任而辞职或辞退的，同样要履行完担保责任后才能办理离职手续，否则不予以办理。“员工在办理辞、退手续时，财务委员要核对该员工基金的借款情况并加具意见，否则要承担连带责任。”

目前，互助基金制度已经在容桂商会众多会员企业内推行。这笔由员工们自主筹集的资金，用于为职工提供临时救助，或向困难职工提供借款。很多员工将其称作企业的“内部社保”。

点评

一个好点子　解决一个大难题

很多民企员工来自农村或欠发达地区，他们多属弱势群体，抗风险能力较弱，一旦遇到突发事件，将对生活生产造成极大影响，解决好他们的帮扶救助，事关社会和谐稳定。

目前，容桂多家企业成立了内部互助基金，员工刚踏进公司就可以享受社保之外的另一重保障，这可谓是一个好点子、好制度。这种员工内部凑的“份子钱”，帮了员工也助了企业，为企业内部和谐和员工队伍稳定作出了很大贡献。把员工的困难交给基金、交给制度后，企业的运营变得更加顺畅和有人情味。

职工互助基金是社会救助的一种补充，通过企业内部互助资金，缓解职工在实际生活中遇到的各种困难。很多受访企业表示，这笔“份子钱”是员工们自己筹集的保险金，也是员工们社保之外的保障。互助基金使员工们感受到更多的安全感，劳资关系也变得更为和谐。民企创造性地设立职工互助基金，为职工构建了一道抵御风险的屏障。

实践证明，互助基金的设立对留住员工、增加企业凝聚力起到了积极作用。企业是社会的细胞，没有企业的和谐，就没有社会的和谐。创建和谐型企业，不仅是企业自身持续健康发展的需要，也是企业应当承担的社会责任。

>> 链接

何种情形下可使用互助基金?

方案规定，基金使用的对象，必须是在本公司服务满三个月（含三个月）的在职人员，未满三个月或已办离职手续的，不能享受基金会的帮助；有以下情形之一的可得到基金会援助：本人因患严重疾病总治疗费为患病前三个月月平均工资三倍以上，而本人及家庭无偿还能力的；员工直系亲属（父母、夫妻、儿女、亲兄弟姐妹），如因遭遇天灾人祸、重病等原因导致家庭经济出现严重困境的；员工见义勇为受伤害的；有需要援助的社会公益事项。

有以下情形之一的可以借款：员工本人遭受到突发性非保险范围的意外事故，或突发性疾病需要住院，而经济上出现困境，一时不能解决，但本人有偿还能力的；员工家庭（直系亲属）出现特殊困难，如遭遇天灾人祸病危住院急需用钱，其本人一时无法解决，但有偿还能力的；新进员工第一个月（服务满十五天以上），由于工资未发放而欠缺生活费的。

有以下情形之一的，不属互助对象：如员工在社会上打架斗殴，违法乱纪而造成伤害的；医疗费用在500元以下的等。

第六章

一石激起千层浪

◆ 第一节 容桂改革是个动态的过程

◆ 第二节 先行者的“烦恼”

◆ 第三节 “容桂模式”示范全省

2011年7月，我们探访之时，容桂改革已推行19个月。一场力促政治经济生态整体进化的容桂新政，已见成效。作为试点，容桂出色地完成使命，为广东简政强镇改革趟了一条新路。

改革是“开放式”运动，只有起点，没有终点。变是永远的不变——容桂人信奉这样的改革观。其间，一次次自我审视，一次次自我矫正，改革步伐走得坚实。容桂一直在改革的行进中。

第一节
容桂改革是个动态的过程

容桂完成的是一次协同治理的全面实践。在这方水土上，一整套社会管理和公共服务的新机制、新规则，形成了一个强大的磁场：要素流动效率更高，公益慈善人心更齐，政情民意沟通更畅。

这样的局面并非一蹴而就的。

改革之初，国内根本没有相关的样本可以照搬照抄。容桂人并不掩饰他们对香港经验的借鉴。但这种借鉴并非“复写纸”。其间存在体制的区别、发展阶段的差异、地域文化的不同，这就意味着，要将别人的经验与实际对接，容桂需要更多的创造性。

正因如此，整个改革过程不可能一次性推出方案就了事，带有试探性。改革者的风险也在于此——改革变成了一个动态过程。推出每个具体方案后，改革者都要关注执行中的细节，重视公众意见和反馈，对随之产生的新问题认真研究、仔细应对。这是一种审慎的态度，也是基于责任的态度。

改革过程充满了变数。改革者要有足够的耐心、理性和灵活性，熟悉实际，具有相当的预见力。动态控制，尤需掌握原则，把控变数之中的不变。我们看到，在容桂改革中，有三个原则是一以贯之的。甚至可以说，这三个原则构成了容桂改革成功的主因。

一是政府当掌舵者，不再包揽所有“划桨”的事。在引进现代社工服务时，容桂就特别坚守政府的角色：只当引导者，不插手具体事务，保持社工服务的独立性。要知道，这句话说说容易，落实起来可不是易事。在很多官员的观念中，行政权力并没有一个清晰的边界，政府是理所当然的工作主体。容桂要推动社工服务的独立性，就要厘清误区，甚至自我约束。

社工服务站进驻村居时，容桂专门召集各村居行政服务中心和村委会负责人开会，议题只有一个：不能给社工服务站摊派行政工作，对社工服务只能协助，不能干预。很多学者到容桂调研社工制度时，对这一点感触良多。他们没想到，自己在理论探讨中呼吁的主旨，在这里竟然成为政府的自觉，已经执行到了细节。

掌舵并不意味着甩手不管，政府也要出资出力，支付改革的成本，这是原则之二。推动改革不是嘴上功夫，不能站在高台上卖吆喝，适时出力，事半功倍。

进行村居政社分离时，容桂街道掏出2000万元，对所有村居进行公共服务全覆盖。原来在村集体经济中开支的公共费用全部由政府财政背负，此举减轻村民压力，让大家利益均沾，对改革就是良性推动。在建立街道、村居两级慈善会制度上，容桂政府出资2000万，引来民间善款8000万。在推动与中科院的资本合作时，街道投入4000万，引来民间资本2亿元之多。容桂视这些投入为改革的良性成本，在某种程度上，起到了四两拨千斤的作用。

坚持市场机制，则是容桂改革的第三个原则。即便政府投入，也是通过市场机制配置，而不是拨款了事。这体现的是一种公平和效率。

政府投入慈善会的2000万，是定向使用，指定用于村居购买社工服务项目。在与中科院的合作中，容桂街道承诺每年财政不少于300万支持院地合作，但这些钱并不是直接拨给中科院基地，而是补贴中科院与容桂企业的合作项目。

改革中，容桂坚持一个清晰的理念：政府的钱要用在刀刃上，要起到实实在在的杠杆作用，而不是搭一个漂亮台子当摆设。

这三个原则至关重要，显示出容桂改革者的掌控能力。

原则之下，过程中的调整则充满了改革者的思考和灵活应对。梳理容桂改革，我们发现其间的很多举措都不是一步到位的。容桂人丝毫不掩饰其间的波折，甚至坦陈：有些工作“一开始并不成功。”

容桂社工服务体系的建立就经历了这样的反复。一开始，政府的设计方案是由村居慈善会直接聘用社工。运行几个月后，容桂社工局跟踪调研，发现了问题。社工服务是一项专业服务，而村居慈善会没有专业经验，无从管理；分散各村的社工相互间也没有专业支持，虽有独立性但无归属感。发现了问题，就要直面，就要解决。人们常说，顺德人做事实在，就在于此，他们不甘心眼睁睁看着问题悬置，不能让问题悬而不决。

于是容桂带着新问题再考察，再取经，回来重新调整。就这样，容桂的社工体系形成了现在的模式：引进专业社工机构管理社工，村居慈善会直接向社工机构进行服务项目购买。如此一来，既保持了社工的独立性、专业性，又解决了管理问题，而且项目购买制更有利于市场运作。走到这一步还不算，容桂正在完善社工服务项目评估方式，而且提出未来目标：社工项目购买将引进招标制。

在村居政社分离上，容桂也是试点之中再找试点。农村积累的利益纠纷多，改革推进尤其要慎重。

整个调整的过程，也在考验改革者的抗压力。能一步到位当然好，但那多少有些运气色彩。而一旦调整，一旦反复，肯定会引来议论纷纷。此时的抗压动力，就来自对问题解决的锲而不舍。在现实中调整，反复实践，得出的结论才更经得住检验。反复的背后，是一种成熟的态度。

探访中，我们发现，容桂的改革者随时随处在思考，无论改革的操盘手还是具体的执行人，都有“思考癖”。他们喜欢与学者探讨，与媒体交流，调研、采访常常变成了相互间的研讨。这与一般人想象中的基层工作体验截然不同。

谈及容桂城市化，列海坚思考的起点是城市发展历史：城市因何形成，人群因何集聚，他由此得出城市魅力的核心在于文化，在于精神的聚合力。因此在“精品容桂”的建设中，精品文化是重点。

“从1997年到现在，每个周六，我都坚持到学校进修。”在此期间，列海坚完成了本科、MBA的学习，正在攻读中山大学哲学博士。推动他的，是一种孜孜不倦的追求和责任感——“总得对老百姓负责任。”

在容桂社会工作局，民间组织股股长梁卫南参与容桂社工发展规划、制度等一系列方案的拟定。他坦言，就自己来说，整个改革过程就是在不断学习，从零开始学习。研究国家政策，分析国外经验，向国内权威专家请教，因为“街道领导非常明确：容桂的社工制度一定要站在高起点。”

在容桂环境运输和城市管理局，和城市管理执法人员的交流中，我们也听到了这样的思考。执法股副股长黄国雄说，在管理流动摊贩时，要考虑一个根本：流动性是其最大特点，如果不让他们流动，那就不存在流动摊贩，也无所谓管理了。容桂对流动摊贩的管理并不是一概取缔，而是适度管理，在不影响交通、不影响市容的大型厂区门口，允许流动摊档经营，方便务工人员。“与流动摊贩面对面沟通时，你要想到，他们背后是一个个家庭，有孩子老人要赡养，将心比心的时候，你就会讲究沟通的方式方法，不会轻易引起冲突。”

列海坚曾说，改革的过程让他充分体会到：创新在基层。而在容桂探访中，我们听到太多这样的说法：我们是基层，我们面对的问题无处可推，无处可挡，只有想尽办法解决。

遇到新问题，必然要找新办法。在这样环环相扣的创新中，容桂改革前进了一大步。

第二节
先行者的“烦恼”

你肯定想不到，在容桂的行政改革中，制服竟然成了一个让人头疼的问题。

容桂的市场安全监管局外出执勤时，常被人戏称为“杂牌军”。为什么？因为身上的制服五颜六色。市场监管局是新机构，由原来的工商、质监、安监等部门合并而成。机构整合后，新招牌一挂，马上就投入了运作。以至于，扛着一个牌子的工作人员，却还身穿各自原属机构的制服。

同样的问题，环境运输和城市管理局也遭遇到。环运局的执法队中，人员来自原来的交通、城管、市政等部门。“你穿路政制服，凭什么抓小贩？”公众对新机构本不熟悉，再看到这样一群执法队伍，往往疑窦重生，需要反复解释。

为什么不换新制服？要知道，国务院对行政执法队伍的制服是有具体规定的，不得擅自更改。顺德大部制改革后，新机构采用什么样的制服等问题，还在向国务院法制办请示。

制服的问题尚好解释，另一个问题就更棘手了。2009年12月后，容桂新登记注册企业拿到的营业执照上，加盖的都是市场监管局的公章。当这些企业走出去、跨省经营时，就遇到了麻烦——“市场监管局？这是哪儿来的机构？你们这执照肯定是假的。”

别人的质疑是正常的。企业注册登记部门是工商行政管理机关，这是全国上下的通例，是国家相应的登记管理条例中规定的。怎么会冒出一个市场监管局呢？顺德的改革在全国都独一无二，也就必然面临先行者的尴尬。

同样是登记注册问题，容桂社工局却是另一种体验。容桂培育发展各种新兴社会组织，壮大公共服务力量。但按照国家现有的法规，要成立新的社会组织，必须先给自己找个“婆婆”——业务主管部门，没有这一点，民政部门不予登记。改革后，容桂出现了100多个NGO组织。无奈，容桂社工局一下子当了好多社会组织的“婆婆”。

相比而言，还有另一种来自媒体的误解。

有的境外媒体显然不了解中国的政治体制，甚至向容桂官员提出这样的问题：你们的决咨委是不是在搞议会？是中央授权你们这样干的吗？

这问题多少让人有点哭笑不得。稍有政治常识的人就知道，在中国的街道建制中，没有人大和政协的相应机构。要知道，容桂不是一般的街道，经济总量上千亿，常住人口50万，面积80平方公里，成立决咨委，是为了“补空”，为了更紧密的民意沟通，是基于国情的公共决策机制的创新，是为了和谐容桂。更何况，在街道办这一级，面对的更多是具体事务，有的甚至异常琐碎，比如单行道的规划、路标路牌的设置等等。显然这一切，和某些人过度敏感的“政治神经”不相干。

对比改革中遇到的压力和挑战，这些看上去似乎是小事情。相信随着广东乃至全国改革的推进，这些问题都会慢慢消失。先行者的“烦恼”，或许在若干年后成为历史记忆中的趣谈。

第三节
容桂模式示范全省

村居政社分离与社会管理创新，是容桂改革的“自选动作”，也是容桂模式中的最大特色。改革举措切中问题，深层次矛盾冰消雪融。试点改革仅仅半年，容桂的实践就得到肯定。

2010年4月29日，广东省富县强镇事权改革工作现场会上，省委副书记、省长黄华华要求全省各地学习容桂、狮山的经验，实施简政强镇。会上，容桂的改革试点经验被专题汇报，黄华华对其专门作了点评：

“容桂在培育社会组织的基础上，政府逐步推行向社会购买服务，让社会力量在各领域充分发挥作用，有效解决了事权多与行政编制少的矛盾，确保管理更加到位。与此同时，容桂建立现代社工制度为困难群众提供服务，吸纳社会力量参与公共决策和管理，这是社会发展的趋势。”

同年6月，广东简政强镇事权改革在全省铺开。在广东省委、省政府下发的《关于简政强镇事权改革的指导意见》中，我们可以看到容桂模式的影子。《指导意见》提出“建立与扩大镇权相适应的民主决策和权力监管体制”，“在机关聘员队伍中引进薪酬竞争激励机制”等，而容桂的决咨委运作和政府聘员改革正为其提供了成功经验。

一个月后，广东省机构编制委员会办公室刊发了一份《行政体制改革专报》，题为《顺德区容桂街简政强镇事权改革试点主要做法》，详细总结了容桂模式的内涵。此时，容桂模式在广东省内备受关注，前来取经、学习者众。

“一场伟大的社会变革正在我们身边悄悄发生！”2010年9月，佛山简政强镇事权改革工作现场会在容桂召开。

时任佛山市委书记陈云贤对顺德区和容桂街道的改革给予高度评价。他认为，变革充分体现了两个重要特征：一是做到了将政府的各项服务延伸到最基层，更好地服务民众；二是通过政府职能的转变，做到了还权于社会，还权于民众。而两个月前，顺德将容桂模式推广到全区所有街镇。

包括容桂试点在内的顺德综合改革试验，还得到了另一种形式的肯定。2010年9月，广东省人大常务委员会通过了《关于促进和保障佛山市顺德区综合改革试验工作的决定》。其中明确：“顺德区实行县镇事权改革的街道办事处，可以由省人民政府决定行使乡镇人民政府的行政管理权。”这一决定，具有法律效力。

国家行政学院专家解读该条文时认为，此举将使容桂等街道从政府的派出机构变为一个独立的行政主体。

在专家们看来，虽然此前广东省委省政府已颁布相关文件，给予容桂这样的授权，但“只是政策性授权，并不是法规性授权。此次广东省人大的决定，将顺德改革成果用法规形式确立下来，有利于顺德进一步改革。”

2011年7月14日，广东省委书记汪洋来到容桂专题调研。他调研的主题是：贯彻落实全会精神，加快转型升级、加强社会建设。就在前一天，刚刚闭幕的广东省十届九次全会通过《关于加强社会建设的决定》，广东部署社会建设和管理创新工作。在这个时候，汪洋书记的顺德行尤为引人关注。

在容桂，汪洋考察了伍威权庇护工场和华口社区。前者以“政府主导，民间操作，第三方监督”模式运作，为残障人士提供职业培训和康复辅导。而华口社区通过引进社会组织、购买社会服务，完善社区公共服务。这些做法得到省委书记的认同和赞赏。临别，汪洋勉励容桂的干部：“你们干得不错，要推广你们的经验！”

作为先行者，容桂人为自己、为历史积累了一种财富。

附录

媒体眼中的新政

千亿大镇顺德容桂以社会管理创新推动“转方式”

让社会公平释放生产力

街道政府给决策咨询委员发“开口费”，让他们给每项街道决策提意见；部门设“公共管理科”专门应对舆论，随时准备接受决策咨询委员“传召问询”；村支书与街道政府签定劳动合同，上班要遵守劳动法规……

容桂正在探索通过推进社会管理创新，以社会公平为突破口，释放经济发展的各种要素，共同推进“转方式”。据悉，这种创新包括一方面由政府向社会“让权”——将经济社会事务决策交给由党代表、区政协委员、商会代表、居民代表组成的“公共决策咨询委员会”审议，通过政府购买公共服务，将部分社会服务的职能交给NGO执行；另一方面“收权”，实行村居“政社分离”，由政府设立工作站直管行政服务。

“通过一系列社会管理创新，我们将涉及公共利益的经济社会事务交由决咨委去审议，让容桂各种阶层参与管理，体现政府管理的科学性，让公平释放生产力。”顺德区委常委、容桂街道党工委书记列海坚说。

●共同治理　各阶层合力腾出发展空间

容桂不像其他特大镇，依靠“简政强镇”，下放审批权限上大项目，获得大发展的方式不适合容桂。去年，容桂街道工业总产值超过千亿元，但也存在发展空间严重不足的问题。土地发展空间有限，各类历史上遗留的低效用地较多。也就是说，推动下一次大发展的经济要素掌握在社会不同阶层的手中，容桂要发展，就需要动员社会各阶层共同参与。

这就决定了，容桂下一步发展空间的答案不能简单地从经济决策里找，而是要在行政体制改革里找。容桂的答案是：通过公共决策咨询委员会，将涉及公共利益的经济社会政策交给社会各阶层共同决策，也让每年超过20亿元的街道财政开支更科学、更透明；另一方面，通过向NGO购买社会服务，扩大社会服务面，提升效率，让容桂的社会管理变成全社会的事。

“改革的目标定位在‘效率、服务、公平’上，把着眼点放到转变政府职能、理顺各方关系的核心问题上，动员各种利益群体参与‘转方式’中来，致力建设服务型政府，解放基层生产力。这将是容桂下一步竞争力的‘隐性优势’。”列海坚说。

●先行先试　首现镇街“决咨委”

“为了让决咨委员可以更好地在社会事务上行使建议权，我们甚至准备给只会说顺德话的委员配上普通话同声传译。”为了让社会各阶层名副其实地参与社会管理，容桂的细心做法让人叫绝。

据悉，容桂街道公共决策和事务咨询委员会去年1月成立，由容桂地区的党代表、人大代表、政协委员、居（村）民代表、外来工代表、工商企业代表等人士组成，容桂街道党工委、办事处统一聘任。

“一般来说，只要是涉及公共利益的政策制定，我们都交给决咨委代表社会各阶层提出建议，增加其合理性和公平性。”列海坚认为，容桂没有本级的人大代表，听取民意渠道有限制，政府过多介入具体决策很难关照到各个层面上的利益，成立决咨委可以很大程度解决这个问题。

从成立至今，容桂决咨委已经召开了6次会议，分别讨论过政府年度财政预算、城市建设、城市管理，医疗卫生等重大话题。“大到财政预算，小到一盏红绿灯的设置，都是议政内容。而且我们要求当选的决咨委委员热心议政，而不是作为摆设。去年有6位委员因为不作建议，被政府劝退了，今年又补选了6位。”列海坚还向记者透露，政府给决咨委委员们每人发了5000元作一年的调研补贴，“有人开始以为，是不是列书记要我们别乱说话，是掩口费？我在会上说，这是给委员们的开口费，希望大家畅所欲言，多提真知灼见。”

更重要的是，有了决咨委，政府改革的底气更足了，因为委员来自社会各阶层各行业，其意见很有代表性。改革必定存在风险，容桂“转方式”涉及利益群体众多，存在一定的不确定性，政府在一些敏感问题上容易缩手缩脚，但决咨委很好地消解了决策的风险成本。“比如说有一次讨论投资6.5亿元建医院，而容桂一年的建设投入不过一二亿元，这么大的项目难免影响到其他行业的建设投入，但决咨委一讨论，各界代表都形成共识，推进自然顺利了。”一名容桂官员说。

一试即灵的“决咨委”有不断向村居、学校、医院蔓延之势。最近，顺德乃至珠三角首个校务咨询和监督委员会在容桂街道挂牌亮相，在5间学校试行校务咨询和监督委员会制度；甚至容桂马冈社区还成立了村一级的“决咨委”。在涉及到公共资源分配、公共事务决策的任何局部“决咨委”都能发挥作用。

●民主监督　决策咨询“倒逼”效能提升

记者采访发现，推行各阶层参与社会管理以后，基层党组织没有削弱，反而得到大大的加强。

据悉，容桂决咨委有一项重要职能——“监督”，委员可以监督政府有无听取意见，可以“传召”政府作出回应。

去年召开的一次咨询会上，一名委员指名道姓地向在座领导抱怨桂州医院管理中的问题。容桂卫生部门相关负责人很紧张，“这让我感受来自民间的压力”。近两年，非容桂户籍人口子女学位需求紧张。有委员呼吁尽快解决外来工子女入学难。教育部门不敢怠慢，从今年3月份起创造性地推出借读生“积分入学”制度。决咨委也“倒逼”街道各部门成立了公共管理科，以回应决咨委、各民间团体甚至还有来自网络的声音。

基层党建变了。为扩大代表性，街道党工委要求各村居党支部要吸收社会上的优秀党员，通过正常手续进入社区（村）党组织班子，成为社区

（村）党组织非专职委员，使社区（村）党组织的决策更能集中民智。目前马冈社区等三个村居党支部已成功实施这一创新做法。

村党组织管理也变了。为体现公平和正义，容桂街道党工委创造性地推行村支书要参照《劳动法》与街道签合同。规定村支书及其家属如有出现违法用地等碰“高压线”的行为，一律不予签合同，不能当村支书。该规定实施一年来，各村没有发生过一宗违法用地现象。“村官不是公务员，不可以用公务员法予以约束，我们现在参照劳动法进行管理，基层战斗力大大提升。”列海坚说。

●机制成效　社会公平成“转方式”隐性动力

在容桂推行社会管理创新一年后，发生了两件新鲜事，一是今年4月29日，容桂村居环节选举顺利完成，这在经济发达、利益矛盾众多的容桂过去是不可想象的。过去，容桂村居改选困难重重，有一年全省10个重点督导的换届难点村中，容桂就占了3个。

“我们的村居改革进入了收获期。”列海坚分析，去年容桂全部26个社区（村）成立行政服务中心后，居（村）民委员会回归自治职能，加上村官要受劳动合同的约束，受群众监督，权利与责任平衡，“很多过去使用歪招竞选的人不敢再参选了。”

第二件新鲜事，是过去都是政府找村民谈征地，现在容桂出现了农民、村居主动拿出资产要让政府来征。“过去土地交易不透明，农民担心自身利益受损，都反对征地。现在流程、监督到位，为求发展，很多人反而主动要求征地。最近我们就收购了四个村的物业，准备用于新兴产业的发展。”一位容桂的官员对记者说。

据悉，容桂产出效率较低的工业用地达两三千亩，这些物业大多被村居集体经济或民营企业持有，不少是“五无工程”，没有有效流转起来，“从经济学上分析，经济要素没有充分流动，与流动的成本太高有关，这就涉及到社会公平的深层次问题。如果政府可以保护好各阶层合法利益，征地难、“三旧”改造难有希望迎刃而解，这就是社会公平释放的生产力。建立倒逼机制，破解改革的深层次矛盾，这是‘转方式’中不显眼但必不可少的基础工作。”列海坚说。

社会服务社会办　两年“冒”百家NGO

政府仅有90多名公务员和一批聘员，而容桂已有60万人口。人手的紧缺、经济的发展，使容桂遇到了巨大的社会管理压力，如青少年问题、空巢老人问题、邻里关系问题、外来工需求问题等。

为此，容桂走“群众和社会路线”，充分发挥市场中介、社会组织的作用，尝试将原体制内运行的政府服务交由体制外操作，培育和建立现代社工制度。

近两年来，容桂一下冒出100多家各类非政府组织（NGO），这在全国镇街极为罕见。目前，容桂街道已培育和建立了商会、慈善会、各居（村）福利会、各类文体协会、青少年成长促进会等众多非政府组织。

“政府引导，社会参与，民间运作，项目服务”，这是容桂发展社工的独特模式，“容桂模式”充分调动和激发企业家和社会热心人士等民间慈善资源，通过民间慈善组织来发展社工，这样一来，不仅时间长久，也能有更好的社会参与度。据介绍，容桂街道仅村级慈善会募捐基金就达上亿元。

记者采访后发现，容桂前期主要推动的热点是普遍性社工服务，如今已逐步发展以特定人群为服务对象的专项专业服务，化解了有些救助项目，因为民政干部和义工等缺少专业知识而难以为之的困惑。如今，青少年服务、残疾人服务、社区矫正和禁毒等社会化专业服务已基本覆盖整个容桂。

去年8月，容桂青少成长促进会向顺德区启创青少年社工服务中心购买青少年社工服务，政府财政则按照1：1的比例与青少年成长促进会共同承担项目费用开展服务，效果不错。

今年5月10日，容桂伍威权庇护工场作为顺德区第一个为残疾人提供庇护性就业岗位的庇护工场正式开业，可容纳60名残疾人同时开展职业培训。

目前，容桂正筹建全国首个“儿童自闭症康复协会”。今年该街还将探索在信访等工作中引入社工组织。

（本文刊登于2011年5月31日《南方日报》要闻版第五版）

“老乡管老乡”是有益的尝试

顺德容桂号称“千亿大镇”、先发地区，但率先发展也率先面对各种挑战和深层次问题，各种利益诉求也呈现出差异化、多样化的特征。以往主要是农村征地、财务、选举等问题，而现在则主要表现在外来人员利益诉求、城市管理和治安管理引发的纠纷等多种矛盾纵横交错，这些都对传统的政府治理模式带来很大挑战。而新型的社会管理体系却尚未形成，从而给地方维稳等工作带来前所未有的压力。

据统计，容桂有将近40万的外来工，大大超过本地户籍人口。如何对这个庞大的群体进行管理和提供服务，将是日后社会建设的重点和治安管理的难点。笔者近日从顺德权威部门独家获悉，继推出佛山首个外来工子女积分入读制度后，最近容桂对外来工较多的社区，将适当配置一定数量的外省藉治安协管员，如某社区四川人多的，则从中选拔配备川籍协管员，并纳入政府聘员正式编制，具体实施细则不日将公布。

容桂维稳部门相关负责人对笔者解释说，由于他们与外来人员有共同乡音、乡亲等特殊关系，容易取得后者理解、信任和支持，有利于及时化解涉及外来人员的各类矛盾纠纷。同时也有利于帮助公安机关深入了解掌握外来人员，起到本地管理人员无法替代的作用。

笔者认为，在外来工较多的社区配置一定数量的外省籍治安协管员，这是社会管理的创新举措，对在外来人员较多区域试行社会自治，探索本地人与外来人共同参与社会治理意义深远。

广东特别是珠三角地区作为改革开放的先行地，经济发展快、开放程度高、社会转型快、流动人口多，社会管理压力大，如果不提供服务与加强管理，社会运行将可能陷入无序，如果社会矛盾和群众的社会诉求得不到有效解决，社会就会出问题。

我们知道，第一代农民工来粤大多数只为挣钱，挣到钱之后就回乡建房子娶媳妇；第二代外来务工人员的目标则不仅是为挣钱，他们从心底里不想再回到乡村，希望能和城市人一样安居乐业。面对激增的外来务工人群和众多的利益诉求，再单纯套用老模式，只做好就业指引、职业技能培训以及自上而下的管理，无法达到夯实基层的目的。特别是80后、90后“新生代外来工”的社会主体意识日益增强，对职业发展、工作环境、政治参与等的诉求更加强烈。

正因为如此，在社会结构中本省人与外省人、体制内工人与体制外工人的利益矛盾日益突出的情况下，如果外来工群体不能有效管理，恐怕会导致官民矛盾、族群冲突，甚至诱发社会的不稳定因素，对社会秩序造成极大的损害。

比如一些群体性事件，如不久前潮州和增城发生的事件，很大程度上是由于没有管理好、服务好外来工群体，事件暴露了外来工管理工作中的短板。痛定思痛，扩大外来务工人员诉求的表达渠道，并让其自主管理，包括发挥商会、同乡会等社会组织作用，吸收优秀外来工进入公务员队伍，吸收外来工参与各基层单位管理，设立村委会特别委员等，便成为解决社会管理的新举措。

在这种背景下，上月，广东出台了《中共广东省委、广东省人民政府关于加强社会建设的决定》。《决定》提出拓宽外来人员表达诉求和参政议政渠道，解决社会管理新课题，具体措施包括吸收外来工参与管理，鼓励有条件的各基层单位吸收外来工参与管理，表达群众利益诉求等。省委书记汪洋要求政府更多地倾听基层“沉没的声音”，而让外来人员参与基层管理正是让他们多了一条表达诉求的渠道，有利于当地政府更顺畅地听到来自基层、来自外来人员的声音。

笔者认为，在这个加强社会建设的决定中，吸收外来工参与社会管理比吸收外来工群体成为国家公务员“有更大的空间，更具看点更有意义”。因为公务员大门从来就没有向外来工当中的佼佼者关闭，而外来工参与社会管理则更具普惠性和代表性。

创新外来工群体的社会管理，尝试让外来工直接参与基层管理，以“老乡管理老乡”的方式是值得尝试的。因为外来工出身的管理员有着底层的经历、情感，彼此沟通、协调比较方便。这样，诸如警力不足、本地人外地人沟通不畅等情况，都将得到相当程度的解决。同时，让外来工参与自治管理，也能让许多人的能力得到发挥。

社会建设存在的各种问题，是长期积累的复杂结果。因此一系列社会管理新措施要全面落实见效可能还需要较长过程，有很多难点需要克服。就拿容桂聘外来工当治安协管员这件事来说吧，吸收哪些外来工参与管理，让他们参与什么样的管理，都是很现实的问题。而吸收外来工参与管理后，他们与本地的管理者会否产生矛盾，与没参与管理的外来工会否“分裂”，也都是需要认真考虑的。从解决本地村民就业的角度出发，本地群众大多支持招聘本地人进入治安队，而且往往担心外来人员担当治安队员后，会出现勾结外来人员作案、监守自盗的现象。我们无法保证，聘请外来人员进入治安队不会产生以上的弊端，但以宽广的胸襟和理性的态度来看待，依然是利大于弊的。使外来人员真正融入当地的生活，会提升他们对当地治安管理的责任感。

中国人都有老乡情结，老乡之间语言沟通、信息交流更为顺畅，信任度、互助度更高，这将为治安工作的开展清除不少障碍，外来工协管员更容易融入外来人员的圈子，切实为他们提供所需要的治安服务。“老乡管老乡”这种外来工区域社会自治模式，是巧妙地借用乡情纽带，致力于改善当地社会治安的有益尝试。如果说治安工作也要“两手抓”，“严打”无疑是治安工作的硬性管理手段；“老乡管老乡”则可以说是柔性管理手段，在特定时期特定地方，这一模式有着存在的一定的合理性和必要性。

新时期的社会建设和社会管理，需要更多的外来工和本地人共同参与。相信随着越来越多的外来工参与当地城市建设和管理，将进一步激发他们干事业的激情，更好地促进当地经济的发展与繁荣。

（本文刊登于2011年8月8日《南方日报 · 佛山观察》头版）

聘任外来工治管员打破本地治管员“一统天下”

容桂试行“老乡管老乡”

继今年上半年推出佛山首个外来工子女积分入读制度后，最近顺德容桂街道在外来工较多的社区将适当配置10名外省籍治安协管员，如某社区四川人较多，则从中选拔配备川籍治管员，并纳入政府聘员正式编制，享受与当地同类聘员一样的待遇。此举打破本地治管员“一统天下”的局面，专家称容桂的这次探索具有前瞻性意义。具体实施细则昨日已公布。

外来人员利益诉求日益突出

顺德容桂号称“千亿大镇”、先发地区，但率先发展也率先面对各种挑战和深层次问题，各种利益诉求也呈现出差异化、多样化的特征。以往主要是农村征地、财务、选举等问题，而现在则主要表现在外来人员利益诉求、城市管理和治安管理引发的纠纷等多种矛盾纵横交错，这些都对传统的政府治理模式带来很大挑战。而新型的社会管理体系却尚未形成，从而给当地维稳工作带来前所未有的压力。

据统计，容桂有将近40万的外来工，大大超过本地户籍人口。如何对这个庞大的群体进行管理和提供服务，将是日后社会建设的重点和治安管理的难点。为此，经过近两个月紧锣密鼓地酝酿和筹备，容桂街道公共事务服务中心于昨日正式向社会公开招聘10名省外户口流动人员和出租屋综合管理协管员。容桂维稳部门相关负责人对记者解释，由于这批治管员与外来人员有共同乡音、乡亲等特殊关系，容易取得后者理解、信任和支持，有利于及时化解涉及外来人员的各类矛盾纠纷。同时也有利于帮助公安机关深入了解掌握外来人员，起到本地管理人员无法替代的作用。

首次公开选拔10名外来工治管员

据了解，容桂现有在编的治安协管员200多名，全部是本地人。此次在外来工当中选拔协管员，是破天荒第一次。在公开招聘的10名省外户口流动人员和出租屋综合管理协管员当中，其中广西籍的占4人，湖南籍的占3人，四川籍的占3人。选拔要求参选人员必须是在容桂工作的外省务工人员，具有全日制大专以上学历（退伍军人可适当放宽至高中或中专），年龄35周岁以下的男性青年。按照“公开、平等、竞争、择优”的原则，经资格审查、笔试、面试、体检等程序后择优录取。报名时间是8月14日—16日，笔试定在8月21日，面试定在8月28日，9月1日10名省外户口流动人员和出租屋综合管理协管员将统一亮相、正式上岗。

外来工治管员有什么待遇呢？据容桂维稳中心主任李尚勇表示，他们一律属政府五类聘员，纳入政府聘员正式编制，与本地同类聘员同工同酬。“他们的晋升空间大，只要连续两年考核都是良好的，工资待遇提高一个档次；而且晋升更高一级的政府四类聘员，将会优先考虑。”

社会反响热烈　市民态度不一

经济的迅猛发展，使容桂外来务工者数量连年增长，与本地人口数量比例接近2：1，其中来自广西的民工最多，其次是湖南和四川籍的民工。此次容桂向社会公开招聘10名省外户口流动人员和出租屋综合管理协管员，社会反响非常热烈。

记者在华口社区碰到了来自广西的打工妹张燕玲，听说将有4名老乡将成为政府工作人员并且是当流动人员和出租屋综合管理治管员时连连拍手：“这是件好事啊，容桂的打工一族中，就数广西人最多。老乡与老乡语言相通、风俗相同，更加容易沟通，有什么事都可以向他反映，可以维护咱们的权利呀。”

记者电话采访了在格兰仕工作的江西籍大学生小余，他说，容桂的外来人口与日俱增，对当地经济发展也做出了很大贡献，因此容桂此次选拔外省籍治安协管员，体现了对外来务工人员的重视和尊重。“对照各项条件，我也比较符合。”小余表示要去试一试身手。

在容桂街道办大院，记者见到了政法部门的陈副主任，他认为，一些群体性事件，如不久前潮州和增城发生的事件，很大程度上是由于没有管理好、服务好外来工群体，事件暴露了外来工管理工作中的短板。容桂此次对外来工较多的社区，适当配置一定数量的外省籍治安协管员，应该是吸取新塘的教训，创新社会管理的一个好做法。

本地治管员和居民又有什么反响呢？在容桂华口社区，居民梁阿姨对此表示担忧：“从解决本地村民就业的角度出发，本地群众大多支持招聘本地人进入治安队，而且担心外来人员担当治安队员后，会出现勾结外来人员作案、监守自盗的现象。”

在一社区当治安员的本地人小梁对该消息是既高兴又担忧。“像我们这样的治安维护群体，工作危险度高，工作强度高，特别是由于语言、风俗差异，有时同外来工沟通很困难。吸纳他们进来，工作自然好做点。”不过小梁担心，日后与外省籍治管员难磨合。

专家点评

创新管理模式同时勿忽略保障外来工权益

“本地人和外地人在文化上、风俗上、语言上存有一定的差异，两者沟通起来始终没有老乡间的沟通、协调来的方便”，佛山市委党校管理学教研部副主任、副教授王畅认为，容桂试水“老乡管老乡”模式，这是一个很好的举措，是社会管理上的创新，具有开拓性。

他分析，顺德目前一线产业工人中75％左右是外来务工人员，他们对顺德未来经济、产业、社会的发展有着重要的作用，容桂的这次探索具有前瞻性意义。

国务院发展研究中心农村经济研究部研究员崔传义认为，“亲情管理”在全国都只是一种实验，是好或是不好现在还不能下结论。相关部门尽管去做，做得好各地可以借鉴，做得不好就权当是一种创新模式的实验，还可以总结经验。崔传义也认为，聘请外来工政府工作人员不能纯粹因“管理外来工而来管外来工”，要把变“管理”为“服务”。只要让外来工觉得“老乡管理人员”是来提供有利于他们的工作，才会得到外来工的认同。同时作为“老乡管理人员”需要当地政府的大力支持。

南开大学政府管理学院教授王骚认为，“老乡管老乡”目前还是一种实验，是好或是不好现在还不能断然下结论，但是各地情况不同，是否可以大面积推广，值得商榷。另外，更应该认识到，外来工是城市的财富，绝不是包袱，对他们的管理要创新，但更要多保障他们的权益。如果不改变现行管理制度，不能为外来人口提供完善的就业、教育、卫生和生活的相关服务与保障，不从这些根本上解决问题，“老乡管老乡”效果是暂时和有限的。

（本文刊登于2011年8月10日《南方日报·佛山观察》第二版）

容桂试点：NGO接管公办幼儿园

继今年上半年推出积分制解决外来工子女入学、成立校务咨询和监督委员会后，顺德容桂教育创新又有大动作。最近，容桂社会组织参与公办幼儿园非牟利模式运作试点正式启动，由一群青年企业家组成的青年促进会专门成立了试点幼儿园园务监督委员会，并于本月开始运作，正式接管公办幼儿园。在试点期内，掌控一揽子包括园长招聘、日常管理、财务监督及教师绩效考评等“生杀大权”。这个被专家称为取自香港校董会制度的办学新模式，将为不同领域的民间组织涉足公共事务，共同承担社会事务提供了示范。

NGO介入学前教育

据了解，蓓蕾幼儿园是容桂街道的一所公办幼儿园，有学生280多人、教职员工20多人，原来由园长承包，自负盈亏，此前承包合同今年7月到期。

容桂青促会是去年成立的非政府组织（NGO），于2010年8月成立运营，主要是由一批以容桂籍为主的青年企业家资助创办。目前该会已经筹得启动资金近百万元，同时容桂政府也给予一定的财政支持。

和其他地方一样，“入园难、入园贵”问题在容桂同样突出。为此，容桂决定引入社会组织介入公办幼儿园。

在这种背景下，容桂蓓蕾幼儿园作为首家公办幼儿园试点，由热心教育、实力雄厚的顺德青少年成长促进会参与和监督其日常管理工作，以进一步提升幼儿园管理水平及办园质量。这是社会组织承接部分青少年服务职能的创新尝试。8月1日，青少年成长促进会成立蓓蕾幼儿园园务监督委员会，正式开始工作。是日，青促会还正式聘用新园长。据介绍，青促会

“执政”期为一年，如试点则改为“三年一签”，并在容桂所有公办幼儿园推行。

每年盈余不得超过5%

为什么要成立园务监督委员会？青促会一名工作人员解释说，对于教育而言，也应该是公开、讲民主，打开校门，让社会的力量和资源参与建设，与社会和家长的联系度紧密起来。“广泛听取社会各界的意见和接受监督将更有利于幼儿教育符合社会发展需求，从而避免出现以往园长一个人说了算的局面。”

青促会的企业家热心教育，经济实力又雄厚，为什么不直接捐资助学，反而要亲力亲为、伤脑费神呢？“捐资助学的钱能否做到规范、公开、高效、廉洁？这是企业家所关心的，他们要亲眼看到做善事的钱财真正造福于社会；另外，企业家们经营幼儿园，发动大家捐款捐物更有号召力，有更多人响应。”容桂街道一干部向记者点破了天机。

据介绍，为了实现公益性，解决“入园贵”，在财务管理方面，青促会根据“以生养园，略有结余”的原则，幼儿园日常经费开支将在收费内解决。每年根据收入测算情况做好开支预算，优先保证保教人员工资水平并适度增长和改善办学基本条件的开支。

“原则上非牟利运作模式的幼儿园每年盈余不得超过5%。若连续两年盈余超过5%，则通过提高教职工待遇或降幼儿保教费收费标准予以控制。”青促会相关负责人介绍说：“我们会考虑对幼儿园的硬件设施进行完善，并对家境贫穷的小朋友实行学费减免。”据了解，近期青促会将对学校的饮水设备进行改造。

声音

容桂街道党工委书记　赖雪晖

社会组织介入学前教育，这在教育界是一件大事，是探索“小政府、大社会”的一种新模式。如此次试点成功，将在全街道公办幼儿园中推广。

顺德青少年成长促进会会长　佘永亮

将关心学前教育作为一项长期的“慈善事业”来做，希望更多的企业家加入到我们的队伍中来。我们将以承办蓓蕾幼儿园为契机，从更深层面介入学前教育和少年儿童的帮扶工作。

（本文刊登于2011年8月12日《南方日报·佛山观察》第二版）

德胜创意园今开园　精品容桂文化先行

当今，作为制造业基地的珠三角面临从制造到创造提升的机遇，千亿大镇容桂街道也如此。在经济总量和行业竞争力方面，容桂的镇域经济实力举足轻重，已进入质的提升阶段和发展方式转型的关键期。受有限土地资源制约，依靠大规模投入和空间扩张推动经济增长的路径亟待转变，“文化主导”与“以质取胜”已成为容桂决胜未来、继续领跑的战略性选择。

通过建设文化创意园这一载体，整合国内外文化创意资源，与当地传统产业相结合，是推动容桂经济创新和突破的新路径。今日，蓄势两年、万众期待的广东德胜创意园终于正式开张了，成为容桂人向建党90周年献礼的重头戏。如何通过创意园的建立推动容桂传统产业转型升级？如何引入港澳及境外文化创意资源？如何拓展文化产业交易平台吸引社会力量参与文化创意产业投融资？……在这里，记者以观察者的姿态，走进广东德胜创意园，试图揭开她那神秘的面纱。

大势所向　从制造到“智”造

经过三十多年的发展，作为最早发展市场经济和进行改革开放试点的容桂，因土地空间稀缺，经济和城市发展受限，其庞大的制造业迎来了从制造到“智”造的重大机遇，进入到质的提升阶段，“文化主导”正成为容桂今后发展的新引擎。

另一方面，藏富于民是容桂人生活水平的写照，工业化、城市化的双轮驱动使容桂广大市民步入了较为富裕的生活阶段。随着城市化水平的不断提高，服务业的不断发展，容桂人需要更多的健康、环保、个人发展、可持续发展的生活方式。

这些新趋势对容桂提升传统产业、转变经济增长方式提出了新的更高的要求。在此背景下，容桂顺应珠三角经济及生活方式的新发展，唱响了“创新发展，精品容桂，打造优质生活之城”的主旋律，通过建设德胜创意园，建设具有地方特点的文化创意平台，促进文化与经济的融合，提高地方的创造力和竞争力。

运营模式　“企业＋政府”主导开放式创意园区

2009年，在容桂政府主导和支持下，联合万和、德美、华润等9家企业成立了广东德胜创意园，由广东宏德富投资有限公司负责投资及经营。创意园座落于知名品牌云集的顺德容桂，旨在建设和培育发展创意产业，并以珠三角为中心，提供以工业设计为核心的高端创意服务。

该园总占地面积6万多平方米，分两期开发，在保留原有的旧工业遗址原貌的基础上，注入时尚、创意和富有现代气息的元素，是国家工业设计与创意产业（顺德）基地园区之一。该园由创意研发区、创业及培训区、创意产品展示区、公共服务区、创意水岸休闲旅游配套区五大板块组成，旨在通过引进和挖掘先进创意设计，推动商界和民众对设计重新认知，从而加快产业升级。

“企业＋政府”是该园的运作模式。具有产业背景的广东宏德富投资有限公司独立投资，并以市场化方式运营，这样做一方面符合政府的发展方向，另一方面也有利于资源合理配置，提高开发、运营、操作的效率。

据介绍，创意园具有公共项目性质，其主要目的是在保留原工业遗址的基础上，发展顺德文化创意产业，因此在建设规划的制定、实施及创意园的实际运营中着眼于未来长远发展，兼顾社会效益和经济效益。

清晰定位　是一个市场而不是工业园区

文化创意产业的发展有其独特规律，与制造业完全不同。目前许多文化创意园是按照建设工业区的模式来进行的，出租写字楼成为这类园区的主要业务，成本是其吸引文化创意企业入驻的主要手段。

而德胜创意园则不同，它将创意园建设定位为一个市场，而不是一个工业园区；是一个协助入园企业通向目标市场，连接服务提供者与用家的平台；是一个珠三角企业家与服务提供者交流的平台；是境外服务提供者进入国内市场的桥头堡。市场中有设计创意、有创意人才、有时尚设计的新产品、有企业需要的配套服务、有可持续的生活方式，亦会有来自顺德乃至珠三角各地企业家、普通民众，来寻找各自需要的设计创意、时尚的产品以及体验可持续的生活方式。

值得一提的是，德胜创意园不是以低廉的租金、美丽的河岸来吸引企业入驻，亦无法提供大量的资金来孵化设计创意企业，靠的是接近用家市场，即珠三角集聚的大量需要设计创意的企业，靠的是专业团队为入园企业进行系统的推广及寻找买家的努力。

根植本土　与当地经济生活血脉相连

目前文化创意园的发展，出现了一种没有考虑当地产业结构与生活方式的实际需求，不惜成本要引进国际大公司、大师级标杆人物的现象，而当地有效需求不足，导致有名无实，无法与当地的社会建立起经济联系。

对此，德胜创意园对此保持高度的清醒，“文化创意园应当根植当地，一个文化创意园的成功建立必须与当地的传统产业、当地人民的生活方式相结合，与当地经济血脉相连的创意园才能够不断吸取养分，随着当地经济的发展而不断壮大”，德胜创意园总经理周宏认为，脱离了当地经济和生活的创意园只能是空中楼阁、曲高和寡、孤芳自赏“检验一个创意园是否成功有两个标准，一是是否对提升当地的产业水平，二是能否引领当地新的生活方式”。

务实和创新的容桂人自然领悟到其中的玄机。在引进文化创意企业时，创意园着重考察企业是否在当地有即时或潜在的市场需求，与当地的经济社会发展水平是否相适应，尽量贴近市场，发展与本地产业和人民生活相关度高、有真实市场需求的文化创意产业，从而使创意园受益于本地产业的发展而壮大，反过来为当地的产业升级作出贡献，形成良性循环。

紧贴港澳　让国际文化创意资源为我所用

容桂与港澳的经贸往来源远流长，这也是容桂老板信息灵通、先人一步的秘诀。在港澳积存有十分丰富的中西合璧文化创意资源，同样引起了容桂有识之士的关注。如何引入和整合这些资源，容桂政府和企业家也一直在思考和探索。

近年来，港澳出现了一股新气象——随着珠三角经济实力的不断增强，港澳文化创意企业跃跃欲试，希望开拓其中的巨大商机。据分析，市场是吸引这些公司进来的最大动力，它们大多是中小企业，关心的主要是市场、人才、资金以及配套服务，这些问题解决后才考虑租金、优惠政策等运营成本方面的问题。

德胜创意园及时把握这种潮流，加强与港澳文化创意企业招商，吸引其入园，并重视提升对入园企业的服务。在市场方面，为入园企业提供市场推广和商贸配对服务，为它们寻找服务用家；人才方面，通过与当地政府合作，利用香港政府的大学生毕业实习计划为入园企业引入境外人才；资金方面，创意园通过设立自己的创投基金以及寻找基金公司作为策略性合作伙伴，对有潜质、有市场发展前景的入园企业进行股权投资，解决它们发展新市场的资金问题；配套方面，通过引入境外知识产权、法律、会计、市场推广、公关等服务企业，系统地营造国际化的文化创意生态，以建设社区的模式来营造适合它们工作与生活的环境。

入园企业　不仅是业主与租户更是合作伙伴

“成功的文化创意园必须把入园的企业当作合作伙伴，而不是简单的业主与租户的关系”，周宏认为，创意园可以通过引入企业协助本地企业提升产业水平，通过所引入的企业了解该企业所处行业的情况，了解上下游合作伙伴的情况，从而介入新的产业领域，在未来更有针对性，更准确地引入切合本地需要的企业。

“创意园不是简单地向入园企业提供一个办公的场地，而是以创意园这一平台向入园企业提供系统的增值服务”，周宏表示。

最近，德胜创意园引入了一家著名的香港艺术玩具设计公司，该园向他们提供了包括商业登记、法律咨询、人才招聘及管理、创投基金入股、商贸配对、内地市场推广策略、市场考察等一系列的服务，协助他们了解内地并进入内地市场，另一方面，该园也希望通过他们吸引香港的文化创意专才前来顺德工作，吸引他们国外的线上设计师到顺德开展业务。更重要的是，容桂希望通过引进香港的动漫管理人才，结合创意园的创投基金、当地政府的渠道、内地丰富的人才，建立一个新的动漫公司，发展民族品牌动漫产品。

尖峰时刻　德胜创意园运作获汪洋书记肯定

2010年7月2日，广东省委书记汪洋邀约9位网友代表面对面座谈，就“我为广东建设文化强省建言献策”为主题与大家交换意见。网友、南方民间智库成员、德胜创意园总经理周宏在发言中表示，文化创意载体的建设非常重要，它是联系文化和经济发展的平台，怎样更好地把经济和文化融合起来亟待破解。

汪洋书记非常赞成周宏的观点，他表示有些文化要注意和经济结合“谁能把经济和文化结合在一块儿，那就具有无比强大的竞争力。你可能正在做这方面的实践，希望你能把德胜创意园运作好”。

焦点直击

为何采用“政府＋企业”运作模式？

据了解，创意园一般运营模式是政府主导和企业主导两种方式。而德胜创意园的运营模式与顺德创意产业园、广东工业设计城有很大不同，它采用的是政府加企业共同投资的方式。

据分析，政府主导方向确实会更明确一些，但是容易产生市场化不足、资源配置效率不高的“短板”；但只由企业运作的话，可能一味追求经济效益，不符合政府的方向，毕竟文化创意与制造企业不一样，政府的主导、重视方向的不同会产生较大影响。

德胜创意园其实是在做一个实验，尝试将政府和企业结合起来，一方面体现政府的引导力，另一方面也发挥市场资源配置的效率。

“如果政府自己做，投资、出租金补贴、优惠政策，搞了三年之后没有这个政策，那这个市场可能就没有了”，德胜创意园总经理周宏认为，严格意义上讲，这个项目是一个半公益的项目。一方面，它有政府的影子，是作为引领当地文化产业发展方向的项目，有着与其他商业项目不同的职责，另一方面，它是有投资方的，这些投资方不是做善事，企业毕竟是要盈利的。

为何要建德胜工业旧址博物馆？

提起顺德千亿大镇容桂的工业“威水史”，很多人马上会想到格兰仕、海信科龙、万和、德华等享誉海内外的电器品牌。但要挖掘沉淀在这些知名产品中的工业发展轨迹，很多容桂本地人也知之不多。记者近日从容桂街道有关部门获悉，容桂已在德胜创意园专门辟出一块地，加紧建设“德胜工业旧址博物馆”。

新任容桂街道党工委书记的赖雪晖多次在德胜创意园调研时明确表态，建设德胜河工业历史博物馆意义重大，既可以见证顺德工业发展轨迹，又可以深入挖掘顺商精神，一定要加快进度推进，做成精品，尽早向社会开放。

据介绍，作为中国历史第一家“三来一补”企业——顺德大进制衣厂，其遗留下的众多文物也将成为博物馆的“镇馆之宝”，还有顺德生产的具有代表意义的家电产品也将陈列其中。

为何要把创意园建成生态社区?

“我们知道到哪里找人，找入园企业，给他们介绍生意。我们了解想进来的这些国外、港澳台创意类企业的需求，帮他们搞掂一切进入内地的手续，他们服务于本地企业，我们服务于他们，形成良性的大服务网络”，总经理周宏认为德胜创意园具有非常核心的优势。

据了解，创意园有9家企业股东，像万和、德美、华润在本行业都是数一数二的，这些企业的市场嗅觉非常灵敏，随时随地知道客户和消费者需要什么。而创意园的运营团队——广东宏德富投资有限公司，其主要成员有在香港贸发局、香港工业总会等机构工作的背景，具有国际视野和专业的市场推广能力，还有强大的海外创意设计相关的人脉网路资源。

“不会只引入一类行业或企业，要形成园区内企业的上下游产业链的内生循环系统，引入各个产业链环节中的领头企业，让他们之间直接或间接做生意，把人聚起来了，生意也就有了。还要有配套，目前我们就引入了广州美院和广外，一是入园企业可以成为学生实习、实践基地，二是为入园企业储备人才，还会出资鼓励大学生创业”，周宏表示，要把创意园打造成生态社区“不是谁有钱就能进来，一定要互补的，彼此间有关联、有旺盛需求与交易的，找合作伙伴时一定要守住这个底线”。

（本文刊登于2011年7月5日《南方日报·佛山观察》第四版）

佛山首家自闭症儿童康复中心开课

全国残疾人普查情况表明，儿童自闭症已占我国精神残疾首位。而据公开报道，在广东，全省患者人数在60万以上，其中约15万儿童患有自闭症。顺德的儿童自闭症患者生活状况如何？在容桂街道汇景路一巷1号，记者有幸得到容桂街道社会工作局副局长聂志辉的陪同和指引，探访了顺德第一家儿童孤独症康复中心——容桂星愿自闭症康复中心。

突发异想开办康复中心

钟女士是容桂星愿自闭症康复中心的“老板娘”，她也有一个患自闭症的儿子，为了帮助更多同样不幸的孩子和家庭，在容桂政府的鼎力支持下，专门开设了一家专门针对自闭症儿童的康复训练中心。据了解，该中心在顺德尚属首家。

钟女士是土生土长的容桂人，她和丈夫在当地开了一家装饰公司，经过多年的打拼，家境很是殷实，日子过得是越来越红火，只是有一件事让他们心事重重：今年15岁的儿子自小患有自闭症。

据钟女士介绍，儿子很小的时候就表现出对人不理不睬、不合群的状况，由于没有经验，缺少这方面的知识，“当时没有引起足够的重视，也就没有太在意”，钟女士说。

随着孩子日渐长大，钟女士越来越觉得孩子和其他孩子有些不同，后来带儿子看医生，才发现宝贝儿子患上了先天性孤独症，也就是自闭症。

于是钟女士不惜耽误生意、耗费巨资将儿子送到广州等地的康复训练机构去接受康复训练。在带着儿子长期奔波、四处求医的过程中，钟女士深感其中的艰难。一天，她突发奇想：顺德有不少像自己儿子一样患自闭症的孩子，为什么不自己创办一个儿童自闭症康复中心，让顺德更多的自闭症孩子在家门口就能接受康复治疗呢？

据粗略统计，仅顺德就有近200名自闭症儿童，他们活在自己的世界里，无法像正常小孩一样上学，无法融入正常社会。刚好此时容桂政府对NGO组织大力培育和扶持，钟女士经过深思熟虑，做好了自办一家非赢利的自闭症儿童康复中心的打算。于是，钟女士紧锣密鼓地启动了找场地、装修、添置设备、觅师资、申请办学资格证等办园程序，把这所特殊儿童教育机构取名为“容桂星愿自闭症康复中心”。

记者在采访时，钟女士高兴地告诉记者，容桂街道教育、民政等部门特地为这所花费了她不少心血的非盈利性民办学校开通了“绿色通道”，以最快速度办妥相关手续，“现在正对老师进行两个月的上岗前培训，准备今年8月1号正式开课。”钟女士对未来充满了憧憬。

记者在“星愿”看到，该中心装饰一新，教学面积占地800多平方米，可以同时容纳50名儿童进行康复训练；100多平方米的露天游乐场、200多平方米的感统训练大厅、8间一对一个训教室，ABA、社交融合、感觉统合，让人感觉恍如到了一个非常奇特的儿童世界。

特教老师素质最关键

自闭症是一种先天性的发育障碍，目前主要的治疗手段只有通过特殊教育对他们的行为进行矫正。因此，学校效果好不好，老师的专业素质至为关键。

“自闭症儿童康复和教育，对老师的综合素质要求很高。作为老师，必须投入难以想象的爱心和耐心”，据钟女士介绍，目前“星愿”有特教老师十多位，大部分都是毕业于南京特教职业技术学院的学生，她们都是清一色的20岁出头的娘子军。“为了教学平衡，接下来我们也准备招聘一至两名男教师”，钟女士透露。

模样俊俏、活泼可爱的小张老师大学毕业后，从南京应聘到“星愿”儿童康复中心，负责自闭症儿童的特教工作。记者问她：“面对这样一群与众不同的孩子习惯不习惯？”“早就有心理准备啦”，她回答说，她特别喜欢孩子，从小的愿望就是想当一名特教老师，特别希望能够帮助到那些有特殊需要的孩子。

“对不听话、教不会的学生怎么办？”记者问。“必须要有超级的耐心和恒心，不能像对正常孩子一样进行批评，因为这样会使他们更加畏惧他人，拒绝与他人交流”，小张老师向记者念起了教学经，“自闭症孩子最需要的是和外界的互动，对着他们多笑笑，多奖励，同他们玩互动游戏和喜欢的玩具，他们就能能体验到快乐，从而更加亲近你，依赖你，这样教学效果就事半功倍，我们做老师的，也就更加有成就感”。

钟女士告诉记者，这里每一个孩子都需要“一对一”的专门辅导，并全程跟踪他们的从饭桌到课桌的所有举动，“这些教师的劳动强度、压力和要求比普通幼师大得多，因此，为了留住老师，让她们安心教学，中心给她们开出的月薪一般都在3000元左右。”为了让老师和家长更多地了解教育自闭症孩子的方法，“星愿”非常重视从深圳和广州等地邀请专家前来讲课和培训。钟女士介绍，在深圳从事自闭症教育长达十年的唐小艳老师将在7月中下旬前来坐镇该中心授课，将最新最有效的训练方法与老师和家长分享。

政府和社会的支持犹如雪中送炭

钟女士告诉记者，患自闭症的儿童接受培训难，上学更难。他们往往由于不能自控的行为和不与人交流，被学校拒之门外。到目前为止，顺德也仅有“星愿”这所唯一的儿童自闭症康复机构，由于自闭症训练的特殊性，每个孩子至少需要一名专职老师，所以资金、场地及师资力量成了民办机构最大的困难。此时政府的扶持和社会的支持犹如雪中送炭，显得尤为重要。

对此，容桂街道社会工作局和教育局非常重视，想方设法为“星愿”的创办提供包括办证等一系列的高效服务。分管社会工作局的街道党工委委员陈汝强也亲自过问，协助康复中心解决一些实际问题。

“星愿”还有一个多月就要开学了，人手紧缺在所难免。获悉容桂有一支庞大的义工队伍，康复中心工作人员向义工发出邀请帖：希望有耐心、有爱心、不怕脏和累的义工，特别是那些有教育经验，有心理咨询经验的，接触过自闭症或脑瘫儿童的义工，可以一起加入到他们的行列，一起奉献爱心。

在采访进行到尾声时，钟女士特别想通过本报向社会呼吁：“自闭症儿童犹如折翼的天使。若孩子两岁还不会说话，不爱和其他小朋友玩，而且有爱转圈等怪异的行为，可能患有自闭症，一定要及早发现和治疗，否则会误了他的一生”。

“2—6岁是自闭症患儿的黄金治疗期。如果家长们发现得早又能够及时进行科学的治疗和康复，自闭症患儿就能得到较好的改善。”钟女士再三强调。

（本文刊登于2011年7月1日《南方日报·顺德视窗》第三版）

打工妹的街道干部生活

广东省委组织部、省人力资源和社会保障厅本月15日发出公告，将从优秀工人、农民中选拔250名基层公务员和事业单位职员，这是广东首次单独面向本地工农选拔公务员。也是第二次从外来工中选拔公务员。早在去年，广东首次从珠三角地区企业的优秀外来工中选拔50名基层公务员，打通了外来工进入当地基层公务员队伍、参与社会管理的渠道，反响良好。在佛山工作的山东姑娘徐明慧就是首批幸运者中的一员，成为顺德容桂街道的一名公务员。过去一年，徐明慧究竟经历了怎样的转变？她又是如何适应新的工作岗位的？带着这些问题，本报记者专访了徐明慧。

山东姑娘徐明慧，1982年出生于山东省龙口市一个海滨小城市，2000年考入曲阜师范大学并获得心理学学士学位。为了获得更开阔的人生平台，2004年考入华南师范大学读心理学研究生，2007年7月毕业后通过招聘考试被一劳务公司派遣到佛山一家通讯公司工作，从此开始了在广东的外来工生活。作为一名在佛山务工的外来人员，她在基层工作了3年多，在工作中严于律己，兢兢业业做好本职工作，获得了公司领导和同事的高度认可。

2010年10月1日，一个意想不到的机遇出现在她的面前，广东省委组织部组织了一次从优秀外来务工人中录用基层公务员的考试，她抱着试一下的心情报考并幸运地被录取了，进入到号称“千亿大镇”的顺德区容桂街道工作，由一名企业基层工作人员转变为一名基层公务员，从此便踏上了一条全新的职业发展之路。

到大福基社区居委会当村官

去年12月正式入职后，她被街道安排到大福基社区居委会锻炼，主要负责社区日常工作处理流程、党务、宣传策划等方面工作。作为一个外省人，她对顺德的文化了解不多，对基层农村的风俗和习惯也不太了解，甚至听不懂纯正的本地话，但她“入乡随俗”，放下身段，想方设法融入当地的生活和文化中，虚心向同事和街坊学习，很快进入角色。

要做好基层工作，首先要对基层熟悉。徐明慧一下到社区，尽快转变自己的身份，把自己作为社区的一份子，虚心向领导和同事学习，认真做好领导分派的每一份工作，熟悉基层服务每项工作的流程，全身融入到新的工作环境中。“基层工作是琐碎、辛苦的，但是在工作中我感到非常充实，也学到了如何更好服务群众的技能。”徐明慧告诉记者。

经历换届选举“大考”

因为利益纷争大，村居换届历来是经济发达镇街最为头痛的事情，容桂街道选举办的工作人员至今仍记得，去年村居换届，该街道有两个村居拖了全省后腿，成为最晚完成选举的点。今年初开始的社区居委会换届选举，这是顺德大部制改革之后在基层实施政社分离改革后的第一次换届选举，也是徐明慧基层锻炼的一场“大考”。

选举前，负责具体选举工作的她，起早贪黑到村民家里派发宣传单和选票，不厌其烦地解释注意事项，回答他们的疑问；选举中，为防止舞弊，她和同事跟前跟后“严防死守”，加强监督；选举后，她又在居委会公开进行唱票，忙得连走路都打晃。几个月的努力没有白费，大福基社区的选举提前完成，大伙儿选出了符合民意、代表村民心声的领路人。“这些最基层的工作看似简单，实际上其中蕴含着丰富的技巧和学问，这都值得我进一步学习。”徐明慧认为。

协助社区开通微博服务

谈起社区工作做得最时髦的创举，“80后”的徐明慧认为是她利用自己曾在通讯企业工作的优势，协助社区开通了微博服务，支书和村民可在此平台进行实时交流，演绎着村社一级最基层的“网络问政”。这种新型的沟通方式快速拉近了社区与群众的距离，使社区工作开展更为顺畅。

作为经济先发地区，目前容桂有30万外来务工人员，大大超过本地户籍人口。街道很多工作就是针对或围绕外来务工人员而开展的，曾经也是外来工的徐明慧身处基层，再加上她的专业心理学背景，使她开展相关工作和提供服务得心应手，更切近外来务工人员的情感。

同是外乡人，社区里的打工仔打工妹也更愿意把意见向徐明慧倾诉，把她看作是一个“民意采集者”。“我也曾是基层外来务工人员，我深深体会他们的疾苦”，徐明慧说，政府的关爱使她成为公务员，让她找到了更好服务社会的平台，她希望更多的外来工发愤图强，因为“奋斗可改变命运”。

回到新岗位接受新挑战

“每一个外来工兄弟姐妹都有自己的梦，有的是想回家盖套房子，有的是想创业开个商铺，还有的可能只是想涨点工资，吃得更好穿得更好。我深深感受到他们的心声。无论如何，拼搏可以改变人生，这就是我所相信的‘广东梦’。每个人都有梦想，而我的责任是为了圆他们梦而努力工作。”徐明慧说。

今年6月，完成社区洗礼、表现出色的徐明慧又接受了新的挑战，回到街道办事处组织工作办公室人事股，主要负责公务员、聘员考核工作。据统计，容桂街道办事处有公务员90名，各类政府聘员近2000人，却要管理和服务全街道50万常住人口，工作量和工作难度之大可想而知。“大福基锻炼的半年，给了我一个很好的融入机会，让我真正体会到了基层群众的生活和工作，这对我的人生是一笔巨大的财富。对我目前的工作有很大帮助，我对能够更好地开展工作信心更足了。”徐明慧向记者表示。

对话

“选择了这份工作，就要扎根这里”

南方日报：谈谈你入职公务员大半年的感悟。

徐明慧：去年我参加了广东省委组织部组织的从优秀外来务工人中录用基层公务员考试，幸运地被录取了，从此便踏上了一条全新的职业发展之路。

去年和今年即将举行的选拔考试打破了学历、户籍限制，考试公开、公平、透明，真正做到了择优录取，并对考试成绩排前、工作表现好、考核合格的其他优秀外来工实施奖励入户积分的政策优惠，这对我们这些怀着满腔热情，想对佛山发展贡献一份力量的外来人员无疑是莫大的鼓励，也是对今年同样有着雄心壮志的优秀外来务工人员圆梦公务员的一种巨大鼓舞。

这大半年的入职经历，让我感触良多，作为外来务工人员，我们赶上了一个好政策！从一个打工妹到一个服务基层的公务员，这不仅是个人的幸运，更彰显了整个社会对外来工的关爱。

南方日报：你认为应如何做好对自己的角色认知和定位？

徐明慧：刚入职时候，市委书记陈云贤在给我们开的座谈会上，让我们尽快转变角色，增强服务基层本领。

有的人认为“学而优则仕”，好似做了公务员“一人得道，鸡犬升天”，觉得自己的身份地位同普通百姓不同，是高高在上的。在这种思想作怪下，社会上出现很多不和谐现象，很多官民冲突的根源就在这里。

我们要牢记自己是人民的公仆，作为公仆的我们不能把自己凌驾于人民之上，要以一个普通人的思想，摆正自己的心态，做好自己的角色定位。

南方日报：在工作上有什么收获与大家分享？

徐明慧：在工作态度上一定要务实、谦虚、谨慎。这也是公务员初任培训班时，团市委陈新文书记在“青年干部成长之路”上所强调的。对于我们年轻人来说，这非常重要。对于理论知识，我们似乎学了很多，如何把这些书本中死的东西在实践中活起来，真正应用到为人民服务的工作中去，这就需要好好地学习和探索。时刻保持一份良好的态度，时刻检讨自己在工作中的得失，谦虚、谨慎、不骄不躁。这也将是我以后工作和生活中应该一直坚持的。

南方日报：大半年的基层村官经历有什么体会？

徐明慧：既然选择了这份工作，就要扎根这里，努力融入本地的生活和文化中，这也是做好基层服务的重要一点。只有接近群众，了解群众，才能融入群众，跟他们形成共同的认知。

中医上对于人的经络上说“不通则痛”，对于我们基层工作也是如此。如何做好与群众之间的沟通，清晰了解群众的意图，明白表达我们的意图，做到良好的双向交流是做好基层工作的关键。

南方日报：你对目前的工作生活状况满意吗？

徐明慧：在佛山生活的1000多个日日夜夜中，我深深爱上了这片热土。建造廉租房、稳定物价、改善公共交通、发展医疗卫生事业、健全社会保障系统……这一系列惠民政策使我们这些漂泊在异地的打工者有了一种归属感，也使我感受到顺德创新有为、求真务实、开放兼容的精神。

如今我的身份已经由一名企业基层工作人员转变为一名基层公务员，我将继续踏踏实实做好本职工作，勤勤恳恳做好基层服务，把政府的惠民政策落实到基层，为当地的发展贡献自己一份绵薄之力。

新的起点，我将全力以赴！

（本文刊登于2011年7月29日《南方日报·顺德视窗》第二版）

按规定停车也“抄牌”？原来是奖励

顺德容桂交警全省首度推出文明停车有奖活动

南方日报讯（记者／杨世华）昨日，习惯驾车上街购物的顺德容桂市民冯先生遭遇了“悲喜两重天”——守法停车的他领到了交警开出的“罚单”。开始他以为是“牛肉干”，不料却是一张奖励其文明停车的“告知单”。这是怎么回事呢？原来，最近，顺德容桂交警对守法停车的司机实施“抄牌”，在全省首度推出文明停车有奖活动，取到了意想不到的效果。

“交警给我开单时，我感到很意外很突然，也很感委屈。”

昨日，市民冯先生把爱车按规定停在容桂街道振华大道一侧，不料却招来了警察，并收到了一张单。被交警盯住后，他心里非常恼火，“守法停车也抄牌？我每次都小心翼翼，一定要看清楚划定的白色线，规规矩矩停在里面才放心离去，这样还领到‘牛肉干’，你们交警这样搞创收也太狠了吧？”不料交警却面带笑容向他恭喜道：“您的车辆在上述时间、地点守法停放，为表扬您遵守交通法规，文明停车，大力支持创文工作，我队专门印制这份告知单，每月对文明车主予以奖励，特发告知单给你参加抽奖。”王先生听罢倒吸了一口气，好久没有反应过来，不敢相信这是事实。

记者在采访中了解到，容桂交警的这个创意执法活动实施几天来，很多像陈先生一样收到通知单的市民大感意外，称赞交警这种人性化的服务，纷纷表示要把这样的“惊喜”向身边的亲朋进行宣传，号召更多的人守法停车。

据了解，只有80多平方公里的容桂街道如今拥有机动车十几万辆，停车资源日趋缺乏，违规停车行为屡禁不止，加剧了道路拥堵状况。

“沿用传统的违法停车查处方式已经落伍，只罚不奖，对促使驾驶者养成良好的驾驶、停车习惯效果不佳；罚和奖双管齐下，才能达到事半功倍之效。”据容桂交警相关负责人介绍，为支持佛山“创文”，交警部门最近在全省首度推出遵规依法停车有奖举措，“目的就是想通过该活动，进一步提升市民文明素质，规范广大司机文明停车、守法停车。”

（刊登于2011年6月13日《南方日报·佛山观察》第二版）

决策集中民智　凝聚党心民意

容桂探索在社区（村）党组织设立非专职委员

为适应新形势下基层公共事务管理体制改革需要，作为全省“简政强镇”事权改革试点的顺德区容桂街道，大胆创新基层党建模式，吸收社会上热心社区（村）事务的优秀党员进入基层党组织领导班子，成为非专职委员，使社区（村）党组织的决策集中民智，更好地凝聚党心民意，激发效率和活力，更好地发挥党组织在基层的领导核心和战斗堡垒作用。

该举措实施近两年来，成效明显，逐步形成“统筹共建”、“村企共建”、“协同共建”的村级党建新模式，既提升了科学决策、科学管理、科学行政的水平，也更好地体现党心民意，又大大增强了党在基层的创新活力和执政能力。

探索命题　大胆提出设置非专职委员

一直以来，全国镇街对社区（村）一级的领导是依靠社区（村）党组织来实现的，社区（村）党组织委员会的成员都是专职的，他们又通过发挥自身职能和兼任居（村）民委员会成员，间接通过居（村）委会直接行使了大部分的领导和管理职能。

2009年12月，容桂率先提出社区（村）党组织非专职委员这一新概念。一方面，开展对社区（村）党组织设立非专职委员的可行性调研；另一方面，摸清基层党员发挥作用的实际情况，甄选一些觉悟高、能力强、信誉好的优秀党员。这些铺垫为正式推出社区（村）党组织非专职委员制度积累了有用的依据。

经过深入的考察、充分的酝酿，结合《中国共产党章程》，2010年10月，街道党工委出台了《关于设置社区（村）党组织委员会非专职委员的试行办法》，明确规定非专职委员是由街道党工委不拘一格、知才善用地选拔任命的，可以平等履行社区（村）党组织委员工作职责和任务，并且在任职期间参照社区（村）党组织领导班子成员的标准享受职务补贴的党组织委员。

同时，街道党工委把设置社区（村）党组织非专职委员纳入制度化、日常化的管理，做到四个“明确规定”：明确规定社区（村）党组织非专职委员的主要职责；明确规定社区（村）党组织非专职委员的工作要求；明确规定、社区（村）党组织非专职委员的考核标准；明确规定社区（村）党组织非专职委员的连任和退出机制。

既松又紧　确保非专职委员素质和能力

为确保该项工作取得实效，容桂选取了振华社区党委、马冈村党委和东风社区党总支部作为试点，待试点成熟后再适时铺开。为保证非专职委员的素质和能力，街道党工委采取既放宽又收紧的原则进行把关。

放宽非专职委员任命的基本条件。规定非专职委员应为中共正式党员，但年龄、学历不限，必须工作经验丰富，社会资历丰厚，在一定工作、社会或经济领域有较大的影响力，熟悉本地社情民意，热心社区（村）发展和建设，有较好群众基础，有为人民群众服务公心和能力，能积极发挥党员的先锋模范作用。优先在工商企业、新社会组织、事业单位等选拔和吸收优秀党员作为非专职委员人选。

同时收紧社区（村）党组织非专职委员的选拔程序。规定非专职委员的推荐、考察和任命参考党政干部提拔任用，要经过严格、规范的程序。

第一步，听取社区（村）党组织领导班子意见，掌握本地影响力大、热心社会事务、有群众基础的非专职委员初步人选情况；

第二步，组织开展对非专职委员初步人选的民主推荐、测评程序，并通过各种渠道广泛了解和征集党员群众的意见和建议，形成报告材料；

第三步，提交街道党工委会议讨论、审议，确定非专职委员名单，下发有关任命文件；

第四步，对社区（村）党组织非专职委员进行岗前业务培训；

第五步，非专职委员到有关社区（村）党组织任职，履行工作职责。

成效明显　形成基层党建新模式

该项党建创新尝试开展近两年来，取得了明显成效，已形成振华社区党委“统筹共建”、马冈村党委“村企共建”、东风社区党总支部“协同共建”的基层党建新模式。

振华社区地处容桂城中核心地段，多年以来茶基村征地问题制约着振华社区城市化水平的进一步提升，拖慢了街道发展文塔中央商务区的发展步伐，振华社区党委非专职委员梁顺文作为政府体制以外的工作人员，兼任振华社区治保会副主任、街道公共决策和事务咨询委员会成员。他凭借多年从事农村股份社管理的工作经验和优势，立足于振华社区长远发展，主动向茶基村民解释城乡统筹发展、加快城市化进程的必然趋势，积极协助政府化解历史问题，出色地协助政府完成征地和拆迁工作，大大改善了振华社区治安形势；组织协调社会各界力量，凝聚党员干部，勤勤恳恳为当地办实事办好事，较好地促进了振华社区新一轮城市化发展。

马冈村地处容桂开发较迟的地区，近年来随着南方医科大学的建设，区政府和街道办事处越来越重视马冈的发展，有新105国道之称的伦桂路正在兴建，更为马冈加足底气。党委非专职委员李球添同志是一家民营企业负责人、街道公共决策和事务咨询委员会成员、《马冈报》顾问。他情系故里、关心马冈发展，经常教育员工要关心家乡建设，并运用自己多年经商的敏锐触觉，引导思想比较保守的马冈村民着眼长远未来，把握马冈发展契机，配合政府化解历史问题，协调做好征地工作，加快推进马冈发展。此外，他的企业还经常和马冈村各时期的民生活动紧密结合，如弘扬敬老、扶困助学，充分实现了企业资源和村级党建的有效衔接、良性互动。

东风社区作为容桂的老城区，社区包袱比较重，如何在老城区进一步拓阔社区建设途径，更好地收集社情民意，加强为民项目建设，成为社区的一件大事。东风社区党总支部非专职委员潘丽珍是一名退休人员、区人大代表，她热心社区事务，经常发挥人大代参政议政的角色，努力为区域发展提合理化建议，并且以一个共产党员的身份深入基层，团结党员干部和群众，协助社区居委会开展小区管理工作，得到了大家的好评。

党组织里新来的非专职委员

在顺德容桂的基层党组织中有这样一群人：他们既非政府公务员，也不是政府聘员，却可以直接在社区（村）党组织中担任委员的职务；没有学历要求，甚至也没有坐班限制，却可以随时列席社区（村）党组织领导班子会议，监督社区（村）工作……非专职委员这一看似新鲜的名词，实则是容桂“简政强镇”事权改革在基层的进一步推广和社会。吸收社会上热心居（村）事务的优秀党员进入社区（村）党组织班子，不仅进一步畅通了民意自下而上的表达渠道，也使得社区（村）党组织的决策更能集中民智，进一步发挥其在基层工作中的领导核心作用。

设立非专职委员　增强基层党组织活力

一直以来，各镇街一级对社区和村一级领导是依靠社区（村）党组织来实现的，并且社区（村）党组织委员会的成员都是专职的，他们通过发挥自身职能和兼任居（村）民委员会成员，间接通过居（村）委会直接行使大部分领导和管理职能。

在开展“简政强镇”事权改革过程中，容桂街道将理顺政府与居（村）委会之间的关系，作为改革的一项重要内容，率先开展社区（村）公共事务管理体制改革，街道党工委、办事处一般通过任命社区（村）党组织正、副书记为行政服务中心正、副主任，党组织委员为行政服务中心主管，实现社区（村）党组织与行政服务中心领导班子成员交叉任职，促进党在基层的领导得到有效加强。

不仅如此，为进一步完善“简政强镇”事权改革的综合配套，一直有改革创新基因和传统的容桂街道还结合《中国共产党章程》，大胆创新基层党建新模式，推出自己的自选动作——吸收社会上热心社区（村）事务的优秀党员进入社区（村）党组织领导班子，通过正常手续成为社区（村）党组织非专职委员，使社区（村）党组织的决策集中民智，更好地凝聚党心民意，更好地发挥党组织在基层的领导核心和战斗堡垒作用。

有人担心，容桂这种“石破天惊”之举存在很大风险，会不会乱套，甚至削弱基层党组织的领导？笔者通过采访发现，这种担心是多余的，设立非专职委员后，村社基层党组织的力量和威信不但没有被削弱，反而得到大大加强。改革近两年来，容桂基层活力大增，已探索出振华社区党支部“统筹共建”、马冈村党支部“村企共建”、东风社区党支部“协同共建”的基层党建新模式，在增强社区活力、促进农村发展和社会和谐方面发挥了积极的作用。

社会反响也一直很好。顺德区决咨委的独立学者李少魁认为，非专职委员的出现是党建发展的必然要求，是基层党组织社会管理方式的创新，以及在基层民众中影响力的加强。

“非专职委员非官职化的身份，能让普通群众更愿意把意见向他们反映。”佛山市委党校副校长何劲和十分看好该创新模式，认为非专职委员身份更自由，更能够对群众负责，希望今后在各个基层党组织全面推广。

吸收和选拔各领域的优秀党员进入现届社区（村）党组织领导班子成为非专职委员，这是一个全新的尝试，也是“摸着石头过河”，在广东甚至全国都属首创。

农村管理体制改革是一个浩大的工程，也是容桂乃至顺德当前改革的重中之重。要确保顺德在新一轮发展中继续领跑全省全国，必须继续擎起改革创新的大旗，加快改革由体制内延伸到体制外。笔者希望推行非专职委员制度，一方面要提高选人用人的公信度，更好地体现党心民意；另一方面要努力探索和扩大基层党内民主的实现形式，切实增强党在基层的创新活力，提高领导班子的执政能力，从而带动社区（村）朝符合时代要求和群众期望的方向发展。

畅通民意自下而上表达渠道

今年已经60岁的李球添是土生土长的容桂马冈人，务过农、当过兵、经过商的他，大半辈子都不曾担任任何政府职务，退休之后反而被马冈村党委聘为了非专职委员，每周按时出席村党组织的两次例会，在组织会议上提出村民反映的问题，督促有关部门落实各项政策……

既非公务员、又不属于政府聘员的李球添，为何能够成为直接在社区（村）党组织中担任委员职务的党员？其实，这正是容桂街道在创新基层党建模式上的又一次有力探索。

为了使党组织的决策更科学，更有代表性，尤其是使社区（村）党组织的决策更集中民智，更好地发挥党组织在基层的领导核心作用。去年11月，容桂街道率先在全区出台了《关于设置社区（村）党组织委员会非专职委员的试行办法》，分别在振华社区党委、马冈村党委和东风社区党总支部三个社区（村）党组织设立工作试点，聘请热心基层工作的正式党员担任非专职委员一职。

根据非专职委员的特点和地缘因素，3个试点都各有特色。其中，担任振华社区党委非专职委员的梁顺文长期任职于股份社，凭借自身的组织协调能力，积极协助当地政府化解了征地等历史问题，加快城市化的进程，提升城市品位，形成“统筹共建”的示范带动模式是振华社区的最大特色；不同于梁顺文的股份社工作经验，李球添曾自办汽车配件企业，马冈村的试点有利于加快农村发展，促进村企互补，形成“村企共建”的示范模式；而作为3个试点中的唯一一名女性非专职委员，来自东风社区的潘丽珍是顺德区人大代表，发挥人大代表的作用，收集民意、形成“协同共建”的示范模式是东方社区试点的主要任务。

“非官职化”身份更易采集民意

“在没有担任这个‘委员’之前，我自己小区碰到的问题，总是觉得没地方反映”，今年55岁的潘丽珍已经有着30年的党龄。

在被聘为东风社区党总支部非专职委员前，她已经是社区里有名的“热心肠”。作为区人大代表的她，同时还兼任着新风小区一个类似业主委员会机构的负责人。

“小区400多户人家的治安、摩擦问题，我都要负责。”潘丽珍说。在潘丽珍看来，尽管自己是人大代表，但是也依然不知道该如何向上反映自己居住小区的各类问题“更不用说普通的村民了”。

直至去年潘丽珍担任了非专职委员一职后，才感觉到这种情况的扭转。

“社区里的居民更喜欢找我反映问题了，觉得领导能听我说的。”在潘丽珍看来，非专职委员让居民反映问题更方便了，政府解决更有效率了“比如小区食肆垃圾乱堆放，我在‘两委’会议上提出，马上就有环卫部门来运走”。

而在顺德区决策咨询委员会的独立学者李少魁看来，非专职委员的出现则是基层党组织加强社会管理，在基层民众中提升公信力的创新举措。

“把这个职务（非专职委员）放到社会发展的大背景下看，我们不难发现一个由下而上的意见表达渠道正在不断完善。”李少魁说，这是党建发展的必然要求。

李少魁认为，非专职委员首先应该是一个“民意采集者”“非专职委员非官职化的身份，能让普通群众更愿意把意见向他们反应”。

系统培训后可全面扩大推广

“我们从外面看能有更多不同的意见。”梁顺文形象地将非专职委员比作“旁观者清”。

从去年11月试点至今，振华社区党委等3个试点的非专职委员提出了不少有建设性的意见。分管振华社区治安的梁顺文，一上任就调整了社区治安队伍的破案奖励制度，创下了连续5天无人报案的纪录，使得派出所全员荣立三等功。

“过完春节，我提出对每个环卫工人发100元的慰问金，感谢他们的辛勤劳动。这一建议在村党委、村行政服务中心获得通过。”李球添的建议不仅得到了环卫工人的感谢，也受到了群众的肯定。而自称“满腔热血”的潘丽珍，不仅建议党支部组织起了义工队，定期看望独居老人，更将社区路灯统统替换成了更亮更低碳的节能灯。

“希望每个社区能再多设1—2名非专职委员。”谈到未来，李球添说希望能有更多的人加入这一队伍，“碰到问题，大家也能商量”。与李球添一样，潘丽珍也觉得有些力不从心，“每天都有好多问题，如果能对我们统一培训，肯定可以做得更好”。

“非专职委员下一步最重要的就是进行基层工作的知识培训。”佛山市委党校副校长何劲和说，自己十分看好这一创新模式。

何劲和认为，由于非专职委员不受薪，一来身份更自由，更能够对群众负责，另外由于担任了党组织委员的职责，也能做到对上级党组织更负责。由于非专职委员与专职委员相比，在基层工作经验上尚有欠缺，“必须进行系统培训，强化政治参与素质，相信可以在今后全面推广到各个基层党组织”。

（本文登于2011年07月01日《南方日报·顺德视窗》第一版）

院地合作“尝到甜头”
容桂企业喜傍“科技大款”

容桂作为顺德乃至全国的制造业重镇，具有雄厚的工业基础和经济基础，汇集了智能家电、精细化工和机械装备等支柱产业。容桂企业以中小企业为主，迫切需求科技支撑，因此为中科院的科技创新工作提供了良好的舞台。

中科院与容桂街道的合作是在中科院与广东省开展全面战略合作以及中科院与佛山共建科技创新与产业育成中心的背景下展开的，它开创了中科院与最基层政府合作的先河。

基层对科技工作有许多需求，科技工作也只有与社会需求相结合才有生命力。容桂是中科院积极探索科技与经济结合模式的试验区，实践成效对广东省乃至全国的政产学研合作工作具有重要的示范意义。

容桂街道与中科院广州分院签订全面合作战略协议两年多来，在办事处的鼎力支持下，中科院利用自身强大的科研实力和雄厚的人才资源，与容桂企业开展了27项合作项目，为企业解决了关键技术难题，提升了产品的核心竞争力，推动容桂乃至顺德传统产业链向高端转移。

工业研发　与重点企业开展合作27项

中科院充分利用容桂街道办事处提供的有利政策条件，发挥自身雄厚的研发实力，利用企业资金共同搭建实验室、技术中心或工程中心等，对企业难题乃至行业共性技术进行研发。如加强与顺德海尔、格兰仕、海信科龙、顺威、万和、富信、恒基、德美等企业的联系，推进战略合作，以点带面推动容桂产业发展和产业升级。

据统计，在容桂街道经济促进局的大力支持下，中科院顺德基地对容桂企业进行了广泛而深入的调研，并先后与40余家企业对接，进行技术交流40余次，参与交流人员达300人次。与企业开展项目合作共27项，其中企业自筹经费项目19个，与企业联合申报科技计划项目8项。通过项目合作为企业解决了技术难题，提升了产品的核心竞争力，促进了企业的发展，产生了很好的社会效应和经济效益。

科技培训　提升容桂企业“造血”功能

为了培养容桂企业的“造血”功能，使企业具备先进的工业设计、产品创新和研发能力，去年，容桂街道经济促进局联合中科院顺德基地共同举办了“深度工业设计——产品创新必由之路”、“深度工业设计专题培训暨成果发布会”、“家电产品运输破损解决方案专题培训”、“家电产品噪声解决方案专题培训”、“家电产品流体、散热专题培训”等6场大规模的公益性技术培训，先后为容桂企业提供了产品结构分析、热分析、流体分析、电磁场分析、噪音优化、多体运动分析等多种专题培训。在2010年的基础上，2011年又先后开展了4次大规模的培训，各项培训工作已经在中科院顺德基地常态化，加强了中科院和企业的交流，赢得了企业的好评。

中科院顺德基地给重点企业培训情况

企业名称	累计培训人数
格兰仕集团	80人次
海信科龙集团	50人次
顺威集团	10人次
万和集团	15人次

》声音

进一步深化合作推动产业升级

容桂街道党工委书记赖雪晖：

今年6月，容桂街道新一届领导班子一行9人在街道党工委书记赖雪晖、街道办事处主任罗厚光的带领下访问中科院广州分院、广东省科学院。两院院长陈勇、常务副院长黄宁生等热情接待了来宾，双方就科学院与容桂下一步的科技合作事宜进行了座谈。

陈勇希望双方在今后的工作中继续加强交流与沟通，在新的起点上取得更好成效。赖雪晖对过去一段时间内中科院与容桂进行科技合作取得的实质性成果给予充分肯定，并表示本届班子将继续加强与科学院的合作，充分利用科学院这个“科技大款”的科研优势与容桂的产业优势，解决行业共性需求问题，为容桂的产业升级和全面发展作出新贡献。

“容桂与中科院的合作已有多年，通过技术的对接，容桂的部分企业尝到了自主创新的甜头，技术得到质的提升，增强了企业的发展后劲”，赖雪晖在容桂新班子履新后召开的首次干部大会上明确表示，要进一步抓好中科院顺德基地建设，尤其是要配合区南方智谷的建设，推动与中科院从技术、项目到资金、人才的全面合作，从点到点的单一企业技术合作到面对面的共性科研平台合作。

他还强调，要充分发挥国科容桂基金专业团队的作用，开展股权投资、高新技术成果转化等工作，争取让更多新兴产业和技术落户容桂，要持续推动产学研合作，以中科院顺德基地为平台，加强本土企业与国内先进研究院所的对接，通过建立激励奖励机制，支持企业进行产业升级，不断提升企业自主创新的积极性。

罗厚光也表示，要提高企业的科技含量，引导企业从“向产能要效益”过渡到“向科技要效益”。要进一步深化与中科院顺德基地的战略合作关系，依托中科院搭建更多技术创新平台，让更多技术成果在企业孵化，为容桂传统产业源源不断地注入发展动力。

新闻背景

容桂联姻中科院开创先河

2008年10月，容桂街道主要领导带领万和、德美化工、恒基实业、伊之密等20多家知名企业代表赴京考察，参观了中科院高能物理研究所、自动化研究所等，并与中科院北京分院的专家召开了技术合作洽谈会，双方初步确定了合作框架。

根据企业需求，中科院和容桂进行了磋商，一个打造“中科院容桂特区”的思路浮出水面。2009年4月，“中国科学院广州技术转移中心顺德工作站”正式挂牌，中科院广州分院专门委派专职人员常驻工作站，开创了中科院与镇级政府合作的先河。

“中科院广州技术转移中心顺德基地”虽然是根据容桂企业需求搭建的平台，但也向珠三角其他地区提供服务。这样不但能够增强其辐射和带动的功能，还能使平台在为更多对象提供服务时汲取经验、博采众长。

名词解释

国科容桂基金

早在建立中科院顺德工作站时，为加强合作，容桂便设立了院地合作发展专项资金，并出台了《容桂街道支持院地合作实施办法（试行）》，规定在3年内每年财政安排不少于300万元支持院地合作项目。

在之后的进一步合作中，容桂街道感觉到，要想更大程度地实现高科技成果在企业的孵化与转移，光靠政府的资金补贴不够，必须运作起一个更大的社会资金平台。

经过与中科院、诸多企业及机构商议，在各方共同努力下，容桂国科基金成立，首期募得资金3亿元。该基金主要为企业转型和提高自主创新能力服务。基金由容桂政府引导、中科院参与、民营资本为主体。同时，风险投资基金不仅仅提供资金，更重要的是，通过基金团队的运作完善科技创新产业链，促进了科技创新成果的转移转化。

该基金是中国科学院在广东省设立的首批两个基金（国科广州基金和国科容桂基金）之一。该基金将采取投资成熟期企业和成长期企业相结合的策略，绝大部分基金投资于成熟期企业（偏向PE），少部分投资于成长期企业（偏向VC）。总的方向是高端制造业、新能源、新材料、生物医药等领域。同时，基金管理按照国际通行的运营方式和专业标准进行，以推动被投企业管理水平进步和提高基金增值收益为终极目标。

重点合作企业及成果

◎顺德海尔电器

中科院先进技术研究院与顺德海尔电器开展了3个合作项目，主要是对海尔洗衣机的包装结构和设计缺陷进行优化，降低洗衣机工作过程中的振动和减少洗衣机在运输过程中的损坏。

目前项目已经在海尔集团推广应用，其振动噪声水平已经达到国际领先水平，运输过程中的损坏率减少了78%，每年可节省成本上千万元。其中《洗衣机包装运输及破损全面解决方案》项目在2010年海尔集团项目评比中荣获第一名。

◎嘉信灯饰

中科院先进技术研究院、中科院广州电子所和嘉信灯饰联合开发了大功率LED照明设备，攻克了大功率LED散热和二次配光难题，并研发了大功率LED电源，该项目申请了多项发明专利和实用新型专利，是完全拥有自主知识产权的LED照明产品，其科技含量达到国际领先水平。

◎亚新汽车传动有限公司

中科院先进技术研究院和亚新汽车传动有限公司共同搭建数字化研发平台，该项目建立了标准化设计流程和数据库，实现了设计、校核、管理和查询的一体化和信息化，极大地提高了产品开发效率。

◎伟仕达电器有限公司

该项目将电烤箱温度的均匀性提高了30.2%，使烤箱内的食物均匀加热，避免了食物局部烧焦和局部不熟的现象，提高了产品质量和市场竞争力。

◎新昊玮五金制品有限公司

该项目是引进、吸收、消化国外先进技术再创新的典型代表，为新昊玮公司开发了具有自主知识产权的高舒适性椅子底盘，技术含量比国外更高，成本比国外更低。

万和新电器股份有限公司、威博电器有限公司等容桂的大型企业正在与先进院展开项目合作，目前处于产品研发设计阶段。

案例：嘉信灯饰：全国首创“太阳能LED灯智能控制电路”

顺德嘉信灯饰有限公司联手中科院广州技术转移中心顺德工作站，经过1年多的研究，在太阳能LED灯照明转换控制电子技术应用方面实现重大突破——成功开发的“太阳能LED灯智能控制电路”，效率达90%，而且能连续3至5天阴雨天亮灯。该公司通过委托广东省科学技术情报研究所国内查新获悉：国内未见与该智能控制电路结构特点相同的文献报道，这一技术乃全国首创，并申请了国家发明专利。

攻克太阳能灯阴雨天亮灯难题

顺德嘉信灯饰有限公司是一家专业生产照明灯饰及太阳能灯饰的外销企业，产品销往美加、欧洲及东南亚市场，从事研发生产太阳能灯已有10年之久，在太阳能转换为电能驱动LED照明领域方面有一定的技术基础和经验。

作为一家典型的OEM企业，嘉信灯饰销路一直不错，即使是在2008年金融危机时期仍然有稳定的订单。但嘉信灯饰总经理潘国齐敏锐地发现，未来出口市场前景难料，国内市场则商机无限，转型做太阳能LED灯市场不可限量。

为共同合作开发太阳能LED灯，2009年初，通过容桂街道办事处牵线，潘国齐找到了位于容桂的中科院广州技术转移中心顺德工作站站长冯国义。“LED照明灯是第三次照明革命的标志性产品，目前世界各地都在推广使用LED灯”，冯国义认为，太阳能LED照明灯更是LED灯主要代表，“但该灯具受制于天气，因此如何解决这一难题是关键”。

经过1年多的研究，中科院广州技术转移中心顺德工作站和嘉信灯饰终于研发出“太阳能LED灯智能控制电路”，并申请了国家实用新型专利，目前为全国首创。

产品将向全国市场推广

据了解，2009年8月，顺德出台了《顺德区促进太阳能光伏产业发展暂行办法》，将目光放在光伏产业链的前端项目，未来光伏产业发展重点将集中在产业集成技术和应用上。目前，顺德很多传统灯具企业纷纷向太阳能LED产业转型。嘉信灯饰就是其中的先行者和佼佼者。

在嘉信灯饰厂，记者看到该厂正在生产太阳能路灯、景观灯、庭院灯、草坪灯、家居户外观景灯、交通信号灯等各种太阳能LED灯。“目前这些产品很抢手，我们正在招经销商，计划向全国市场推广”，嘉信灯饰国内销售部经理洪允华充满信心地表示。

≫ 记者观察

与市场需求结合　科技更有生命力

目前容桂街道共有国家驰名商标5个、省著名商标27个、国家名牌产品11个、省名牌产品25个。

虽然容桂企业的自有品牌比例在全区较高，但自主创新企业的发展规模还不够强大。同时容桂拥有很多中小企业，大多在做OEM。容桂在支持大企业的同时为中小企业搭建平台，可以发挥“以大带小”的作用，推动更多的自主创新企业成长和发展。

在和中科院合作的过程中，有一点很值得推崇：容桂并不是只着眼于平台的建设，而是与市场紧密接轨，引导更多的科研机构、中介机构落户容桂并生存下来。在项目合作方面，容桂也并非直接拨钱给科研机构，而是采取间接推动的办法，适当补贴企业，由企业去向科研机构、中介机构

“下订单”。因此，这些机构有没有生存机会，就要看企业认不认同，选不选你。这就要求科研机构、中介机构为企业提供的服务更加扎实，与市场结合得更加精准。

中科院是国家顶级科研机构，其研发力量与拥有的技术在世界上都是很有名的，是目前中国科技研发的主力军。经过两年多的合作，实践证明，中科院的技术与人才优势，对企业发展起到了重要的推动作用。

中科院长于国防科技、重点科技的研发，但仍然有很多优秀的科研成果希望通过企业的承接来转化。容桂有庞大的制造业基础，加上许多企业对自主创新有强烈渴求，所以这样的合作可谓珠联璧合，极具生命力。

对话

“对户外照明将带来革命性变化”

中科院广州技术转移中心顺德工作站站长冯国义：

南方日报：中科院与企业成功开发“太阳能LED灯智能控制电路”，有什么意义？

冯国义：中科院与企业合作研发的这个项目，在太阳能LED灯照明转换控制电子技术应用方面实现了重大突破，太阳能LED灯在连续3—5天阴雨天无太阳光时都能正常亮灯使用，而且大大降低了造价成本。这将对户外照明带来革命性的变化，对世界能源节约将贡献巨大。

另外一方面，嘉信灯饰是一家典型的OEM企业，通过与中科院合作，拥有自主核心技术，成功实现转型，这对其他企业也是一个很好的借鉴。

南方日报：目前你们开发的户外太阳能LED灯系列产品有什么？

冯国义：目前我们协助企业开发的户外太阳能LED灯系列产品有：草坪灯、台灯、手提灯、庭院灯等，适用于户外家居花院照明、小区道路照明、公园道路照明。手提灯还特别广泛适用于沿海地区需要24小时光照的鱼排养殖、草原地区牧民流动照明、“三防”单位处理突发自然灾害照明以及军队在野外作业等照明使用。下一步我们还计划开发更大功率的太阳能LED道路照明灯，可适用于三级、二级、一级公路等道路照明使用。

南方日报：使用太阳能LED灯有什么好处？

冯国义：太阳能LED灯安装方便、环保节能，还能免管理维护，不需要投入开挖修复土坑、地埋电缆、安装供电设备等工程成本费用，晚上会自动亮灯，白天会自动灭灯同时充电储电，不耗用电费。

举个例子，在小区或公园安装一支3米高以下的照明小路灯，工程及材料费用保守计算需要约1500—2000元，买一支普通小路灯也需要约800元，两项费用加起来需要约2300—2800元的成本，这里还未计算日后的电费和维护、换灯泡等费用支出。

而最新研制出的可代替小路灯的12瓦太阳能LED庭院灯，其出厂价约2000元/支左右，对比之下太阳能LED灯有明显的经济效益和社会效益，而且节能环保无碳排放，符合人类可持续发展的方向。

（本文载于2011年7月29日《南方日报·佛山观察》C04版）

容桂试水积分制　圆外来工子女入学梦

同城待遇，这是所有外来工多年不变的追求和梦想。让孩子能上学，上得起好学校，更成为众多外来工家长的深深期待。

相关调查显示，佛山外来人员超过300万，仅顺德就有近百万。目前佛山非户籍常住人口子女义务教育在校生近26万人。顺德率先试水“积分制”，让非户籍适龄儿童有机会入学，这一创举，不仅对顺德8万多适龄外来工适学儿童是利好，更为佛山“破解外来工子女入学难”提供了一条崭新路径。

处于试水阶段的“积分制”虽极具创新却仍让人觉得门槛过高。不少外来工表示，按照规定很难攒够子女上学所需要的积分。对此，教育界人士支招：外来工子女免费义务教育，能否逐步实现中央财政补贴随人走？

学位缺口大入读门槛高

据初步统计，目前在顺德读书的外来工子女有8万多人，主要集中在大良、容桂、北滘、乐从。有的公办小学外来工子弟人数接近在校学生的一半。虽然顺德建有三所专门的外来工子弟学校，解决了几千个学位，但仍是杯水车薪。今年，顺德153所小学能够提供的公办学位有27000多个，民办学位约3500个，两项叠加学位共计为3万多个。但这些学位仍然远远“止不了渴”。这给顺德区、镇两级政府带来非常大的教育压力。

作为经济先发地区，目前容桂街道有30万外来务工人员，大大超过本地户籍人口。按照去年的统计数据，仅入读容桂公办小学一年级的借读生超过2000人，比例超过五成。虽然提供了大量学位，但仍有500多名借读生未能入读。

为此，从去年开始，容桂对10余所学校进行了扩建，今年将可提供7个班、315个一年级借读生学位。

“外来工子女学位需求处在高位增长之中。尽管政府加大了教育投入，但仍是一位难求。”容桂街道教育部门相关负责人表示：“除增加部分学位外，还要出台新政策，才能解决问题。”

此种背景下，容桂街道在佛山地区率先试水“积分制”，让众多非户籍儿童入学，以积分的方式有序地进入学校教育阶段。

试行积分制缓解入学难

容桂街道出台的这份《容桂街道公办小学一年级非容桂户籍借读生招生试行办法》显示，在当年完成招收容桂户籍适龄儿童入学后，容桂教育部门和学校将根据剩余学位情况，招收要求进入公办小学就读的非容桂户籍借读生入学，额满即止。按照先解决符合政策性条件的借读生，再安排普通借读生的原则招收借读生。

据介绍，容桂街道教育部门将于每年的3月，通过媒体及在各公办小学门口张贴等方式向社会发布当年9月入读一年级的招生通知，4月上旬公布借读学位数。对于要求借读且符合入学条件的儿童父母，按计分项目进行量化计分。计分完毕，根据积分排名、学位数、入学志愿填报等在全街道范围内统筹安排儿童入读。对总积分相同、排名并列的，参看借读生居住地所属学区学位，以就近入学为原则进行安排；若仍未能解决，抽签决定，额满即止。

采访中，顺德不少学校校长认为，在公办学校容纳能力不足的情况下，政府出资兴建定点学校，是解决外来务工人员子女就学难的有效措施。以容桂为例，今年随着部分学校扩建或改造的完成，将多提供300个学位，这些学位将几乎全部提供给非户籍儿童。记者还获悉，容桂正在进行十几所学校的扩建或改造，预计3年内将陆续完成，届时将基本满足非户籍儿童的入学需求。

免费义务教育，中央财政补贴能否随人走？

如何看待积分制？

据介绍，近几年社会对学位的需求增长很快，导致供需矛盾突出，因此，政府一方面在不断想办法增加供给量，另一方面则要在有限的资源下做到公开、透明和规范有序。积分制的出台主要是出于这样的考虑。

“积分制只是一个过渡性应急办法，在学位供需矛盾突出的情况下才管用。”容桂教育部门相关负责人向记者分析，随着学校扩建改造工程的不断推进，容桂的教学资源将更加丰富，学位也将逐步到位，“届时借读生在容桂将成为历史”。

对于如何缓和学位供需矛盾，有教育界人士支招：外来工子女在户籍地原本享有中央财政补贴的“免费义务教育”，但现在他们在广东接受了免费义务教育，所有的费用都是广东当地财政承担，中央财政的补贴到不了广东。如果国家能够采用灵活方式，实现中央财政补贴随人走，则对逐步解决外来工子女免费义务教育问题“起革命性的作用”。

链接

如何获得积分？

◎政策性借读生

共有15种类型，比如父母双方均为现役军人或支援边疆建设或从事地质勘探等长期野外工作，委托该街道居民照顾（监护）的适龄子女，该街道优抚对象的适龄子女等，与佛山界定的条件一致，每一项都是10分。符合类别更多，积分更高，在符合就近就读的前提下，就可以优先获得学位。

◎普通借读生

计分项目包括参加社会保险情况、工商纳税情况、购房情况、暂住情况等，每一项都有相应的分数累积。值得注意的是，在普通借读生的政策中有一个加分项，针对在容桂重点企业就业人员，父母双方在同一企业工作每满一年即可积一分，双方可累加。儿童父母在容桂购买社保、投资办企业依法纳税、买房、办理暂住证或居住证等，均可获加3—5分。

（本文刊登于2011年7月27日《南方日报·佛山观察》第一版）

公共决策“咨监会”向校园延伸

这两年，被称为“准议会”的公共决策和事务咨询委员会在珠三角争先恐后地“冒”了出来，顺德也不例外，如在区级层面，有顺德公共决策咨询委员会；在容桂、杏坛等地，有镇街级公共决策咨询委员会。这种风行一时的“咨监会”还有蔓延之势，最近，顺德乃至珠三角首个校务咨询和监督委员会在容桂街道挂牌亮相，试行校务咨询和监督委员会制度。首先推行的是5间学校，涉及小学、中学和职校三个不同的学段，一个学期为试验期，拟取得经验后再向全街道35所中小学推广，容桂今后将形成学校、政府、家委会、咨监会“四位一体”的学校管理新模式，以此探索建立现代学校制度。

咨监会　由各界社会贤达组成

据介绍，5个试点学校的校务咨监会是一个由家长与社区各方代表组成的非学校行政组织，由社会名人、工商代表、协作单位代表、家长代表、教授学者、校长代表等方面人士组成的业余组织。它的主要任务是对学校决策提供咨询、对学校管理过程进行监督，是对学校管理的一个补充与完善，但委员会得直接参与学校的内部管理。

委员由社会名人、工商代表、协作单位代表、家长代表、教授学者、校长代表等方面人士组成，原则上不超过20人，将设主任一名、名誉主任两名、秘书两名。校务咨监会实行聘任制，聘期为二年，原则上可连续聘任，但每届新任的委员不少于25％—30％。如果委员连续两次不参加会议也不告知秘书则自动退出。

咨询内容包括对学校建设、学校重大决策与活动、学校发展规划、教师队伍建设、学校德育工作等，也可就自己关注的教育问题献计。监督则针对办学、招生、社会有关方面捐赠的财物使用等方面。咨询方式包括召开全体成员会议或者专题性问题讨论，监督方式则通过评议、提案与校访等方式进行。

试点学校 不害怕意见，而是欢迎意见

“学校不害怕意见，而是欢迎意见”，瑞英小学校长刘伦斌这样看待校务咨监会，“对于教育来说，社会是一个宝藏，不利用就是一种浪费。”

“过去也有听取声音的渠道，但是相对太窄太被动，而且比较滞后。”刘伦斌认为委员会是一个掌握主动权和全面信息的重要平台。一个委员原来只能影响到一群师生，但是在平台和学校支持下影响的可能是整个学校的师生。

刘伦斌表示，该校将为咨监会发挥作用提供便利。除每学期组织1—2次全体会议外，还将不定期开展专题会议。此外，委员们可随时将个人意见提交给学校，校方将在10个工作日内给予回复。

容山中学校长吴剑平表示，将根据学校的实际，在软件建设上会更加侧重，比如教学改革、教学热点难点、教务公开、德育管理。通过定期或不定期组织委员们进行座谈等方式，针对集中反映的问题进行专门研究，学校将吸纳其意见以作调整。

作为职校，胡锦超职业技术学校校务咨监会与其他4间学校有着很大的区别。该校共有30名委员，其中企业代表占了近一半比例。

校长赵根孝表示，校务咨监会的功能发挥将重点放在专业建设上，包括新开专业、现有专业的改进，如何结合市场的需求调整这些都需要社会人士的指点。

当选委员　不负众望　承担责任

当选委员甄伟泰说，这样一个平台的建立，使他更加关注学校教育特别是瑞英小学的发展。教育是整个社会的事，学校、家庭、企业、社会各界的参与将是一个很大的推动力。“各个委员发挥所长，同时整合自己身边的资源，广泛地收集信息”。

“不要让它形同虚设”，另一当选委员林奇彪认为，“除了能力外，还有热心。这是委员们共同的特点，作为委员会的带头人之一，我身上的担子自然不轻，因为害怕会让这个机构流于形式。”

他表示，将用自己的能力和资源为学校和企业搭建沟通平台，给予学校师生更多的关爱，创造好的学校环境。“除了组织研讨会，要努力争取用更多样的方式与委员们沟通，即使不能到会也能将建议收集到。”

社区代表委员樊祥兴则表示要侧重具体问题的反映及解决。“比如父母同是外地人，或一方是外地人，子女的上学问题该怎么解决？还有学校周边的治安环境、辖区居民的就业困难导致孩子上学难，都会互相探讨。”

政府声音　办学应敞开校门

“去年就开始思考这个问题。我觉得最根本的在于，教育是关于一个人、一个家庭、一个民族的发展，它应当适应社会的发展，否则它的出发点和归宿点都是不恰当的。”容桂街道教育局相关负责人认为，对于教育而言，也应该是公开、讲民主，打开校门，让社会的力量和资源参与建设，与社会的联系度紧密起来。按照这种理念，成立校务咨询和监督委员会是对容桂中小学建立现代学校制度的一个探索和创新，值得去尝试。

“教育不同于其他行业，它具有公共性和公益性，涉及到的建设自然会有来自社会上的意见，包括队伍的职业道德建设也是要受到社会广泛的监督，因此广泛地听取社会各界的意见和接受监督将更有利于教育符合社会发展需求及趋势。”他表示，真正成功的教育是全社会重视及参与的教育，而不是学校的教育。

他认为，校务咨监会是由社会各界人士组成的社会组织，它承担的职责是对学校决策提供咨询，对学校管理过程进行监督，是学校管理的一个补充和完善。使得学校有多方建设性意见的参与和推动，让办学行为更加规范和让人满意。

家长　担心部分委员对教育问题缺乏专业性

宾瑜是学生家长，同时还是心理专家。她希望学校开展更多的文体活动，让学生的心理健康和学习成绩同步发展。“每个委员的视角都不同，他们带来了很多思路，将直接对学校的办学理念施加影响。”

宾瑜分析说，很多家长会忽略孩子的心理规律期，不知道孩子到底需要什么，而导致很多方式方法非但没有起到作用反而适得其反。她将会利用自己的专业优势，通过与学校策划更多的活动，比如论坛、游戏等让更多校长能参与进来。“现在瑞英小学在活动方面下了很多功夫，但是我认为还是不够的，应该继续加强。”

张女士是容桂中学学生家长，她认为卫生、校园建设等问题提出来比较容易解决，但一些矛盾较深的问题，例如办学体制的僵化，一时难以根本解决。“教育领域是一个专业性很强的领域，有一些委员来自社区，或者是来自企业，他们对教育问题可能缺乏专业性。”

在接下来的时间里，相关部门还要通过对委员们进行培训来加深认识、怎样提出更好的建议等，让其“议政”能力着实得到提升。另外委员们在关注身边的教育，关心校务的同时要不断充电，获取知识营养，帮助自己提出有质量的有可操作性的建议。

对于学校，如何确保不流于形式？章程里有一个对委员建议必须在十天内回复的规定，这个规定有利于确保制度得到落实。如果作出了这样的承诺却没执行好，学校的公信力就会受影响。

（本文刊登于2011年4月22日《南方日报·顺德视窗》）

政府放权 商会试接

最近，容桂商会在江门召开了第四届四次理事会议。此次会议非常引人注目，不仅有包括华润、万和、德美化工、伟雄集团、恒基实业、伊之密等知名企业在内的120多家容桂企业参加，还“颠覆”了以往开会的传统做法：不仅仅讨论慈善等议题，而是把主要精力部署在商会下一阶段如何承接政府职能转移，并为此在商会组织架构下成立了青年委员会和职业经理人协会。

准备参与文化教育、敬老院建设等社会事务

据了解，顺德在两年前就启动了大部制改革。然而，随着时间的推移，大部制的光环逐渐隐退，其应有的效力却远远没有充分发挥出来。对此，佛山市委常委、顺德区委书记梁维东认为，要想破解这一局面，就必须进一步理清政府和社会的关系，解决政府越位的问题，该市场做的要交给市场，该社会做的要还给社会，该市民负责任的要市民承担。因此，在此次改革中，顺德率先提出向社会放权和转移部分职能，将公民、法人和其他组织能够自主解决、市场机制能够自行调节、社会组织通过自律能够解决的事项转移出去。

据顺德区委社工部民间组织和社会事务科相关负责人介绍，为此次顺德行政审批改革提供依据而开展的评估，首批已有31家社会中介组织报名，全部为行业协会和商会。但是，目前的社会中介组织大多生命力脆弱，本身的制度建设仍不够完善，能否承担如此重大的职能尚待商榷。

而容桂商会本身实力雄厚，运作稳健，有着一大批具有国际视野和社会责任感的企业家，完全能够担当此大任，“希望容桂商会能够循序渐进，先行试点，为全区商会组织做出表率”，顺德区委区政府对容桂商会

寄予了厚望。

然而，对于政府的“放权”，商会组织如何稳稳地接住？目前容桂商会的理事会成员基本上都是老一辈的企业家，如何让青年企业管理者顺利接班，成就千秋伟业？容桂有着一支数量不菲的职业经理人队伍，如何让这个群体健康发展，同时为容桂企业的发展提供智力支持？这些都是摆在面前不可回避的问题。

“容桂商会要做好功课，除了在公益慈善、企业培训上发挥民间组织的职能外，还将随时准备承接政府职能转移，如参与到文化教育、敬老院建设等社会事务中去”，容桂商会会长孙志恒说。

我们欣喜地看到，容桂商会这股在企业间掀起的慈善力量正朝着NGO的方向跃跃欲试了。

成立青委会　官员专家可成特邀会员

容桂拥有一批素质较高、在企业经营管理领域取得突出成绩的青年企业管理者，他们遍布容桂各行各业，从事着不同规模和不同所有制形式企业的经营管理，是企业界一支朝气蓬勃、充满希望的生力军，是新一代企业接班人，是容桂经济、社会发展的希望。

最近，容桂商会提出了在商会组织架构下设立青年委员会的建议，并获得了一致通过。

“容桂商会在商会组织架构内组建青年委员会是为了团结和联系容桂青年的企业管理者，搭建交流服务平台，协助会员开展投资及贸易等活动，让年青会员在不断探索合作过程中共勉成长，为青年会员们的成长发展服务”，会长孙志恒介绍，来自于容桂本土工商企业的优秀年青管理者都可以参加，甚至从事工作与企业经营管理关联度较高的政府官员、专家学者以及港澳台等方面人士，可成为青委会的特邀会员。“容桂商会青年委员和商会职业经理人协会相呼应，相互交流相互促进，形成互动，共同成长进步”。

容桂商会秘书长黄淼指出，目前商会的理事会成员基本上都是“创一代”的企业家，成立青年委员会将有利于组建“创一代”和“创二代”以及年轻企业管理者有机连结、互动合作的平台。

“委员会成员都有相同的压力，相似的经历，这个组织让我们有了一个沟通交流的平台，父辈的教导以及会员经验的分享，可以使我们少走弯路，加快成长，并增深友谊”，当选第一届青年委员会成员，青年才俊孙经理很是开心。

设职业经理人协会　扶持优质中小企

随着容桂经济的飞速发展，职业经理人事业也取得长足的发展，容桂拥有一批具备一定职业素质和职业能力的职业经理人，他们用智慧为企业出谋划策，与企业共同发展。“为了团结和联系容桂职业经理人，搭建交流沟通平台，打造强有力的职业经理人队伍，更好地为容桂经济和社会发展服务，在容桂商会组织架构内成立职业经理人协会很有必要”，商会会长孙志恒告诉记者，协会以后要打造成聚集全国精英人才的前沿阵地，为企业和社会经济的发展提供智力支持。

他认为，作为商会的智库，职业经理人协会在政府与企业、政府与职业经理人、职业经理人与用人单位之间发挥桥梁纽带作用，促进企业和职业经理人和谐发展，更好地为容桂经济建设服务。

商会秘书长黄淼分析，容桂有着庞大的职业经理人队伍，为了团结和联系这一帮人，打造强有力的职业经理人队伍，容桂商会组织架构内成立职业经理人协会很有必要。“协会促进经理人职业化发展的同时，还将提高职业经理人的素质，提升商会会员企业的经营管理水平和综合竞争力”，黄淼说。

记者在采访顺德智德投资有限公司总经理王康平时，他对成立职业经理人协会深表赞同。“容桂有一大批成长型中小企业，如何扶持这些优质股？光靠培养新一代接棒人还不够，必须要有自己的优秀职业经理人团队。容桂商会设立职业经理人协会这个平台，将能让企业老板和职业经理人之间有更好的对接”。

增聘三顾问　期待把政府职能“接”得更稳

记者刚获悉，最近容桂商会增聘了三位顾问，他们分别是顺德职业技术学院党组副书记陈智，顺德关心下一代工作委员会主任招汝基，顺德智德投资有限公司总经理王康平。三位顾问在教育、综合改革、企业管理上各有建树，将是未来容桂商会承接政府职能转移“接”得更稳的保证。

“陈智毕业于清华大学化工系，多年来一直从事专业教学科研和教育管理工作。曾在荷兰做访问学者，回国后任清华大学教务处处长，后担任清华大学副教务长及体委副主任，曾受聘于北京中关村创新研修学院任副院长。增聘他为顾问，可为下阶段我们承接政府在教育方面的放权做好准备”，容桂商会负责人说。

据介绍，招汝基是顺德区公共决策咨询委员会委员，顺德职业技术学院顾问，原顺德政协主席，曾任顺德市委常委，市委市政府秘书长。“招汝基亲历改革开放30年顺德综合配套改革的全过程，著有多篇改革理论文章，影响很广。增聘他为商会顾问，可为我们在综合改革上把政府的放权接得更稳”，该负责人告诉记者。

“王康平曾任广东科龙电器股份有限公司副总裁等职务，多年管理大型企业集团，有较强的企业管理能力和丰富的行业阅历及经验，在企业运营、财务分析、资产重组、金融投资、战略管理、人力资源、市场运作等多方面具有较强的优势，他的加入，将使容桂商会在企业管理方面和政府职能方面衔接更加有把握”，该负责人对记者说。

（本文刊登于2011年9月9日《南方日报·顺德视窗》第三版）

容桂：全力推进德胜河南岸建设

容桂属先发地区，但率先发展也率先面对各种挑战和深层次问题。作为容桂产业支柱的工业发展后劲不足，在“总部经济”、企业上市、“三旧”改造等方面成效不大，区域经济竞争面临挑战。再加上有限资源和无限发展需求的矛盾、城市环境和管理水平落后等问题，促使容桂进一步去思考和探索。

7月底，顺德区委十一届十三次全会提出在当前转型发展时期新的战略目标：建设宜居、智慧、和谐、文明顺德，而这些目标的实现与否，最终还是要从各个镇街中体现。作为经济大镇、广东省简政强镇试点的容桂街道，未来将如何贯彻落实区委全会精神，如何在不断探索促进发展的新路子，敢于突破性、创造性地开展工作？如何向改革要资源，向社会要资源，将有限的资源发挥到极致？如何树立现代城市观念和精品意识，用精品城市来吸引人、聚集人？

对此，容桂街道党工委书记赖雪晖表示，经过多年的发展，容桂虽然取得令人瞩目的成绩，但不要迷恋“千亿大镇”的光环，必须要正视自身的不足，增强忧患意识和责任意识。“未来几年，容桂将从城市建设、产业提升、社会管理等多方面入手，努力把容桂打造成为一个宜居、智慧、和谐的镇街”。

再造产业　发展新优势

目前，容桂已基本形成以智能家电、电子信息、医药保健、精细化工、机械模具为主的支柱产业。基于目前的基础和条件，容桂今后将在提升第二产业，充分发挥传统产业优势的基础上，加快以生产性服务业为主的现代服务业发展。

对于机械装备及配套业的，容桂高度重视，将发展壮大现有机械骨干企业，提升模具行业，努力将容桂发展为现代机械装备及配套业的集聚区。

产业提升方面，赖雪晖特意提到了德胜创意园，“目前刚起步，下一步考虑继续扩大创意园规模。”德胜创意园属于市场化运作，赖雪晖希望，创意园不要太过急于求成，要结合好容桂的文化氛围，把制造业、商贸服务业以及容桂的休闲文化有机结合起来，在社会上形成一股潮流、风气。

“我们将以广东德胜创意产业园的落成为契机，加快发展以德胜河南岸旧码头、旧厂房为基地，以工业设计、研发、外观设计为核心的文化创意产业，将文化创意与传统产业有机对接，推动产业的优化升级”，赖雪晖表示。

全力推进 “一河两岸”建设

“一河两岸，尤其是德胜河南岸的推进，将是未来一段时间内的工作重点。”赖雪晖表示，目前一河两岸的工作已经进入规划细化、房屋征收阶段，这项工作也得到了广大市民的配合和支持，相关片区正依法依规，比较顺利地推进，一些启动区的拆迁计划已经完成三分之二，“我们制定补偿标准将会充分考虑到拆迁户权益，务必做到和谐拆迁。”

东部新城区建设同样是未来工作的重点，容桂将会努力营造环境，加大基础设施、公园、绿化、道路设施、主题公园等等方面的投入，“我们的计划是先造环境再聚人气，环境好了、配套上来了，人才自然就愿意留在这里发展了。”赖雪晖说道。

旧工业厂房是重中之重

容桂80平方公里面积，建成区已达百分之七十，而且基本上是八、九十年代的低水平建设，城市再发展的空间更为有限，产业发展空间尤为不足。

对此，赖雪晖表示，容桂将坚定不移地推动“三旧”改造，而旧工业厂房的改造，将是重中之重，希望通过这项工作为容桂制造业转型提升提供一个空间，“目前容桂土地资源有限，我们只能从上个世纪80、90年代的旧厂房改造中来拓展发展空间。”

据了解，容桂将以重点项目为带动，坚定不移地将“三旧”改造与发展都市型产业紧密结合，通过实施“二改二”或“二改二点五”战略，推动产业升级。在继续支持天富来工业城建设的基础上，重点抓好华口、南区、红旗、四基等社区的“三旧”改造，并同步做好改造后发展都市型工业的政策引导、招商筛选工作。通过引入社会资本，加快推进德胜河南岸、凤祥路振华路和桂洲大道商圈、东部新区总部经济集聚区的建设。

赖雪晖表示，“三旧”改造也不是纯粹的“三旧”改造，而是要和产业的提升、技术提升以及制造业水平的提升结合起来。“以前是污染型的企业，如果改造后还是这样的话，那将失去改造的意义，失去改造后所带来的提升空间”。

赖雪晖透露，容桂正计划出台政策，规范工业园区的改造，同时将把在“三旧”改造过程中，腾出来的空间重点提供给纳入区龙腾计划，以及一些有发展潜力的中小型企业，还有一些特色产业，如家电业、现代机械装备等行业。

进一步提升合作层次

除了腾出发展空间外，提升企业自主创新能力也将会是容桂产业提升的一项重要举措，“我们将充分发挥好与中科院的合作，进一步提升合作水平层次，由原来的一些简单的技术、科研项目的合作转移到更深层次的资金、人才等方面的合作”，赖雪晖表示。

据了解，容桂与中科院的合作已有多年，通过技术的对接，容桂的部分企业尝到了自主创新的甜头，技术得到质的提升，增强了企业的发展后劲。因此，容桂进一步抓好中科院顺德基地建设，尤其是要配合区南方智谷建设，推动与中科院从技术、项目到资金、人才的全面合作，从点到点的单一企业技术合作到面对面的共性科研平台合作。“要充分发挥国科容桂基金专业团队的作用，开展股权投资、高新技术成果转化等工作，争取让更多新兴产业和技术落户容桂；要持续推动产学研合作，以中科院顺德基地为平台，加强本土企业与国内先进研究院所的对接，通过建立激励奖励机制，支持企业进行产业升级，不断提升企业自主创新的积极性”。

重振商贸重镇雄风

曾经让容桂人引以为豪的商贸重镇，如今风光不再：商贸流通服务业发展停滞不前，专业外贸公司以往云集容桂的辉煌历史已成过去式；以扁滘物流市场为代表的物流业发展水平逐渐低下；凤祥路、天佑城一带商圈在容桂周边镇街的龙头商业地位岌岌可危……针对此，容桂街道党工委书记赖雪晖在履新后明确表示，将做好商圈和物流等文章，重振容桂商贸重镇雄风。

据了解，容桂有近50万的人口总量，市民消费能力不断增强，商业需求持续旺盛，但商业配套一直相对滞后。

“容桂商圈的建成将大大提高全街道商业配套水平，并可辐射周边城市，在满足容桂商业需求的同时，将周边城市的商业消费吸引过来，从而提升城市品位”，街道相关负责人表示，将加快打造以凤祥路、振华路、华夏新城、天佑城一带商业聚集地为中心的容桂商圈，形成辐射效应，提升聚集能力。

“容桂的物流服务业在顺德来说发展得比较早，成型较早，但发展到今天，档次仍然停留在10多年前的货运之类的方式，整个物流业形象、档次水平较低”，赖雪晖表示，结合“三旧”改造计划，容桂将会有意识地引导几大物流市场，将物流业服务、仓储服务与信息技术、容桂制造业服务有机结合起来，以提升整体服务水平。

重点关注市容市貌

容桂城市环境和管理水平不容乐观落后。虽然广珠城际轨道、太澳高速、顺德快速干线等重要交通工程贯穿容桂，但与之配套的接驳交通网络未能同步完善，加上内部“断头路”较多，使内外交通仍很不畅顺，企业、市民怨言较大。在当前如火如荼的“创文”中也充分暴露出城市发展的“软肋”，公共设施不足，交通秩序较乱，环境卫生较差，乱摆乱买、乱搭乱建、乱停乱放、乱涂乱画十分普遍，特别是与主城区相比，农村和城乡结合部的基础设施、生活条件差距较大。

对此，赖雪晖表示，容桂将重点关注城市的市容市貌，“生活在容桂的居民，对于城市是否有好的印象，往往不是看城市发展的大战略，而是要看自己生活的周边是否整洁、干净，每天走的马路是否漂亮。为此我们提出了用一年左右的时间，打造一个干净、卫生的城市。”赖雪晖透露，容桂将在环卫工人节时推出全民清洁家园大行动。而针对市民投诉比较多的环境卫生方面，容桂提出了绿化提升计划，计划对主干道、小区的绿化进行全面的绿化覆盖、绿化管养水平的提升。

据了解，容桂将加快推进105国道、碧桂路、高速公路等主干道路沿线以及城市节点的绿化改造提升，全面提升绿化规划建设和管理水平；加大环境保护力度，坚决以高压的态势狠抓环境整治工作，运用高科技的手段加强对高污染行业的监控和管理，严厉打击各种偷排和污染行为。

加大行政改革力度

容桂“简政强镇”事权改革已实施近两年，成绩显著，但客观分析，改革的预期效果并非完全得到体现，反之是改革触及的矛盾首先显现出来，如部门工作加强规范化，但也出现程式化的苗头，遇事按部就班，缺乏灵活性，工作效率大打折扣；部分社区（村）行政服务中心对自己的定位仍不明确，职责不清晰等。

为此，容桂按照区委区政府的部署，将进一步推动行政改革的力度，真正实现“小政府、大社会”。赖雪晖透露，容桂下一步将会加大民主决策力度，“现在已经有决策咨询委员会，如何更大力度发挥他们的作用，并且把他们与人大代表、政协委员有机融合起来，提供决策咨询，让他们作为政府与社会、市民沟通的桥梁、纽带，我们将进行深刻思考。”

据介绍，下一步容桂将进一步拓宽民主决策渠道，完善街道公共决策和事务咨询委员会的工作机制，“适当扩大委员的覆盖面，特别是邀请部分媒体代表、网络意见领袖参与，并试行决策咨询委员、人大代表、政协委员列席街道党工委、办事处联席会议制度，提高党委决策的透明度”。

容桂率先开展社区（村）行政服务体制改革，经过一年多的运作，基本厘清了政社关系，基层行政工作得到有效的保证。下一阶段，容桂将继续深化社区（村）管理体制改革。如为突出党组织的领导核心作用，在总结试点工作经验的基础上，逐渐铺开社区（村）党组织非专职委员制度，让社会更多优秀党员进入基层组织班子，今年内首先重点对“纯居委会”的社区党组织选拔进入非专职委员，以配合搞好社区管理工作。

尝试让商会承接政府“放权”

最近，容桂商会在江门召开了第四届四次理事会议。此次会议非常引人注目，不仅有包括华润、万和、德美化工、伟雄集团、恒基实业、伊之密等知名企业在内的120多家容桂企业参加，还“颠覆”了以往开会的传统做法：不仅仅讨论慈善等议题，而是把主要精力部署在商会下一阶段如何承接政府职能转移，并为此在商会组织架构下成立了青年委员会和职业经理人协会。这样容桂商会除了在公益慈善、企业培训上发挥民间组织的职能外，还将随时准备承接政府职能转移，如参与到文化教育、敬老院建设等社会事务中去。

而对于政府的一些审批服务，赖雪晖表示，将继续前移到社区行政服务中心，或者转移到一些社会组织。“下一步将梳理一些关乎民生、日常的事务审批、审核内容、牌证的发放等，把它们下放到社区行政服务中心。我们也尝试把一些如经济类的审核以政府购买服务的形式，交给商会来做。容桂商会本身实力雄厚，运作稳健，有着一大批具有国际视野和社会责任感的企业家，可以做很多事，”赖雪晖透露，目前容桂街道还在构思把一些劳资纠纷的调解，同样以政府购买服务的形式来交给一些律师事务所等的机构来处理，“当然现在我们很多都是在构思、设想当中。”

探索群防群治新路径

在传统城镇向现代城市发展的时期，各种利益诉求呈现差异化、多样化的特征，容桂以往主要是面对农村征地、财务、选举等问题，而现在外来人员利益诉求、劳资纠纷等多种矛盾交织且渐趋复杂，对传统的政府治理模式已带来挑战，而新型社会管理体系尚未形成。

“容桂有人口50多万，社会管理、治安难度相当大。而治安的好坏往往是市民关注度比较高的”，赖雪晖表示，要进一步完善领导接访包案制度，街道党政班子成员除在街道信访维稳中心轮班接访外，还要带领驻队组长、干部到所联系社区（村）一线接访、约访，尽量在一线、在现场解决包案和信访反映问题。

赖雪晖表示，要重视外来人口管理和服务工作，切实转变重户籍人口服务、轻外来人口服务的思想观念，逐步在劳动就业、社会保险、教育培训、生育医疗、安居工程等方面为外来人员提供均等化服务，增强外来工归属感，引导和督促企业经营者善待外来工，引导外来工理性合法表达诉求，研究落实在外来务工群体中发展义工、社工组织，对外来工较多的社区，适当配置一定数量的外省藉流管人员。“社会管理说到底是对人的管理和服务，对日常社会管治要改变简单依靠管、控、压、罚等管理方式，更加善于运用做群众工作的方式、文明的方式、服务的方式，尽可能通过平等对话、沟通、协商、协调等方法解决社会问题，化解社会矛盾”。

赖雪晖表示。容桂下一步将加大在治安上的投入，如增加视频监控设备，进一步加强治安队伍的建设，以及探索群防群治新路径。

大力培育社会组织

7月中旬，省委书记汪洋冒着高温酷暑专门考察了容桂伍威权庇护工场，并给予充分肯定，还委托工作人员赠送“清凉”礼物——6台空调和一台冰箱；8月1日，顺德第一家儿童孤独症康复中心——容桂星愿自闭症康复中心正式开课；同日，容桂青少年成长促进会成立蓓蕾幼儿园园务监督委员会，正式接管公办幼儿园。。。。。。NGO组织在容桂异常活跃。

对此，赖雪晖表示，容桂下一步还将以大胆创新的精神继续大力培育社会组织，对同乡会等以前认为比较敏感的组织，可以尝试引导它们规范化发展。“还有其他组织，如文化协会、基金会，只要是合法合规、对社会方方面面有促进作用的，我们都要抱着开放的态度，来包容、支持它们的发展。而一些如流浪狗之家等出于善心、出于社会责任而成立的组织，我们也要鼓励他们发展，规范他们的运作。”

（本文刊登于2011年9月16日《南方日报·顺德视窗》

附录

容桂改革文件一览

《佛山市顺德区容桂街道“简政强镇”事权改革试点工作方案》

根据《中共广东省委、广东省人民政府关于佛山市顺德区开展综合改革试验工作的批复》（粤委〔2009〕35号）要求，结合容桂实际，制定本方案。

一、指导思想

深入贯彻落实科学发展观，以转变政府职能为核心，理顺关系，简政放权，创新运行机制，下移工作重心，实现体制机制适应和促进经济社会发展，建设宜商宜居、科学发展的新容桂，为全省深化镇级行政管理体制改革、建设服务型政府探索经验和提供示范。

二、主要任务

（一）理顺责权关系，简政放权。

按照“宏观决策权上移、微观管理权下移”的原则，在维持街道目前建制不变的前提下，通过授权、委托和下伸机构等方式，在产业发展、城市建设、社会管理、市场监管、公共服务等方面，依法赋予街道办事处县级管理权限，建立职能统分结合、责权清晰一致的层级管理体制。按照“人随事走，费随事转”的原则，区在下放事权的同时配套相应的人员和经费。

（二）推进社会管理和公共服务体制改革，建立协同治理机制。

1．按照“放减并举”的原则，在区下放管理权限的同时，推进行政审批制度改革，明确街道办事处需转移的职能和事项，通过授权、购买服务等多种方式交由市场中介和社会组织承担。

2．建立多元化、专业化的社会管理服务体系。发展社区服务，培育社会组织；建立现代社工制度，发展义工队伍，吸收优秀外来务工人员参与社会管理和提供公共服务，构建社团和社区相互支持、社工、义工和优秀外工相互补充的“两社三工”社会管理服务体系。

3．吸纳社会力量参与决策。从党代表、人大代表、政协委员以及社会各界人士中选取代表，组建街道公共决策和事务咨询委员会，负责对街道的公共决策、财政预算、资金使用和项目建设等与市民利益密切相关的事项提出意见和建议，表达各方的利益诉求。建设电子政务，加强媒体和网络问计问政。

（三）实行政社分离，建立互动合作的社区管理机制。

1．实行政社分离。将基层事务区分为行政事务和社区事务。区政府、街道办事处逐步统筹基层行政事务的管理和开支；强化居（村）委会的自治职能，在社区（村）党组织的领导下办理法定事务。实现政府治理和基层自治的相对分离、良性互动和有效衔接。

开展统筹社区行政事务试点工作。选择街道建成区的若干连片社区以及一个人口较多、社会管理任务重的城郊村（社区），整合区和街道有关部门的下伸机构及其人员，成立市民服务中心，作为街道的办事和服务机构，统一负责办理行政事务。

2．加强基层民主政治建设。严格按照有关法律法规，加强对居（村）委会工作和村级集体经济组织的指导、支持和监督，扩大基层群众自治范围，充分发挥基层自治组织功能。探索推进村级集体经济产权制度改革。

3．逐步加大街道对社区（村）的市政设施建设、社会事业、环境卫生、城市管理等方面的统筹力度，提高社会福利水平。

（四）完善机构设置，理顺管理关系。

1．完善机构设置。对接区大部门体制，根据容桂实际，整合街道内设机构，科学配置行政管理职能。党工委、办事处综合设置机构11个，其中：设置党工委办公室、监察审计办公室、组织工作办公室、维稳综治信访办公室和财政局等5个内设机构，设置经济促进局、宣传文体办公室（教育局）、社会工作局、人力资源和社会保障局、国土城建和水利局、卫生和计划生育局等6个直属机构。机构正职由街道党工委副书记、党工委委员和办事处副主任兼任，实现党务、政务决策和管理的扁平化。

区发展规划和统计局规划报建所容桂业务窗口、区国土城建和水利局容桂国土房产管理所由区垂直管理调整为容桂街道办事处管理，划入国土和城建水利局。区司法局容桂司法所由区垂直管理调整为容桂街道办事处管理，划入街道维稳综治信访会办公室，挂容桂司法所牌子。

2．理顺管理关系。区环境运输和城市管理局容桂分局、区市场安全监管局容桂分局实行双重领导体制，以街道领导为主，日常管理、人事任免和绩效考核由街道负责，人员和业务经费由区财政直接划拨到街道办事处。上级政府部门派出（驻）容桂机构的党群工作实行属地管理。

3．完善职务配备。街道党工委书记、办事处主任按副处级领导职务配备。完善街道领导干部的职务配备，形成上下相互衔接、内部合理清晰的职务结构。

（五）推进配套改革，加大政策支持力度。

1．创新公务员和机关聘员管理制度。在公务员队伍试行聘任制。根据街道经济发展情况和个人工作表现，探索建立公务员和聘员的灵活薪酬制度。完善聘员的职位序列，建立职业化的聘员队伍。机关聘员管理办法由区委组织部制订。

2．推进事业单位分类改革。明确事业单位功能定位，推动事业单位建立法人治理结构，改革事业单位的人员聘用、财政供给和绩效管理机制。条件成熟的事业单位可以与主管部门脱钩转制走向市场，由政府向其购买服务。

3．健全监督问责机制。对下放到街道管理的权限和事项，建立严格的管理制度和监督机制。推行政务公开，强化新闻媒体监督和社会监督。建立行政问责的具体实施程序和运行机制，健全以街道部门负责人为重点对象的问责制度。监督问责机制由区政务监察和审计局制订。加强区对街道财政运作的监管，增强预决算约束。财务监管办法由区财税局制订。

4．完善绩效考核评价办法。开展以落实科学发展观为核心的绩效考评工作，加强对街道的经济发展质量、城市管理、公共服务、民生福利、生态环保、民主法制建设等情况的考核，建立符合容桂实际的绩效评价指标体系。考评办法由区发展规划和统计局制订。

5．以中等城市的经济人口规模对容桂进行定位，在经济、社会、文化等事务方面赋予街道更大的管理权限和人财物支持，在规划编制、“三旧”改造、自主创新、服务业发展、交通建设、区域合作等方面加大对街道的政策扶持力度，将容桂建设成为顺德的自主创新基地、总部经济基地和宜商宜居城区。

三、组织实施

容桂街道“简政强镇”事权改革试点工作在区委、区政府和容桂街道党工委、办事处的领导下推进。成立领导小组，负责统筹协调、组织实施和总结评价试点工作。试点工作于2009年11月部署实施，2010年上半年基本完成。区有关部门要根据试点工作方案，抓紧制定配套措施和办法，确保改革顺利推进。

附件：佛山市顺德区容桂街道党政机构设置表

佛山市顺德区容桂街道党政机构设置表											
内设机构						直属机构					
党工委办公室	监察审计办公室	组织工作办公室	维稳综治信访办公室	财政办公室		经济促进局	宣教文体办公室	社会工作局	人力资源和社会保障局	国土和城建水利局	卫生和人口计划生育局

说明：党工委、办事处综合设置机构11个。其中：内设机构5个，直属机构6个。

街道办事处办公室、人大办公室与党工委办公室合署办公，挂公共决策和事务咨询办公室牌子；监察审计办公室与纪律检查工作委员会合署办公；维稳综治信访办公室挂街道司法所牌子。

人民武装部按有关规定设置，工会、共青团、妇联等群团组织按有关章程设置，归口社会工作局。

《进一步厘清政社关系深化社区（村）公共事务管理体制改革试行办法》

为贯彻落实《佛山市顺德区容桂街道"简政强镇"事权改革试点工作方案》（顺发[2009]18号），进一步厘清政社关系，深化社区（村）公共事务管理体制改革，结合容桂实际，制定如下试行办法：

一、厘清政社关系，深化社区（村）公共事务管理体制改革的意义和内涵

随着经济社会发展的变化、法律法规的不断完善，厘清政社关系，在社区（村）建立市民服务中心，将政府服务延伸到社区（村），有利于推进政府服务前移，提升政府服务效能；有利于统筹城乡发展，实现基本公共服务均等化；有利于强化党和政府在基层的执政地位，强化居（村）委会的自治职能，促进容桂经济社会和谐发展。

厘清政社关系，就是将基层公共事务分为行政事务和社区（村）事务。街道办事处逐步统筹基层行政事务的管理和开支，建立社区（村）市民服务中心，作为街道办事处行政服务在社区（村）的延伸机构和便民服务平台，承担政府向社区（村）提供的行政事务工作和街道办事处交办的工作，由街道社会工作局负责协调；居（村）委会根据《中华人民共和国城市居民委员会组织法》和《中华人民共和国村民委员会组织法》等法律法规，履行居（村）民自治范围内的事项，不再直接承担行政管理工作。

1．厘清社区（村）市民服务中心与居（村）委会的职责。

社区（村）市民服务中心的主要职责包括：（1）承办政府各工作部门委托的人口户籍、社会治安、流动人口和出租屋综合管理服务、市场安全监管、维稳综治、城管建设、国土规划、计划生育、环境卫生、民政救济、征兵优抚、劳动就业、文体科教、法制宣传、工会组织、共青团、妇儿维权以及政府交办的其他工作；（2）支持配合居（村）委会依法自治；

（3）支持社会力量开展便民利民的社区（村）服务，发挥社会组织在推进社区（村）工作中的重要作用；（4）协助居（村）委会处理各项社区（村）公共事务；（5）协助居（村）民和辖区各类组织、单位办理由上级政府及职能部门审批或备案的各项事务。

居（村）委会依法履行自治职责，主要包括：（1）宣传宪法、法律、法规和国家的政策，维护居（村）民的合法权益，教育居民依法履行义务，爱护公共财产，开展多种形式的社会主义精神文明建设活动；（2）办理本居住地区居（村）民的公共事务和公益事业，包括经营管理居（村）级集体经济、发展慈善互助组织等；（3）调解民间纠纷；（4）协助维护社会治安；（5）向政府反映居民的意见、要求，提出建议；（6）协助所在社区（村）市民服务中心开展工作。

2. 厘清社区（村）党组织、社区（村）市民服务中心、居（村）委会的关系。

社区（村）党组织、社区（村）市民服务中心在街道党工委、办事处的领导下开展工作，接受街道党工委、办事处的管理和监督，社区（村）市民服务中心党务工作实行属地管理。

社区（村）党组织是社区（村）其他组织和社区（村）工作的领导核心。居（村）委会在社区（村）党组织的领导下依法开展居（村）民自治活动，办理社区（村）自治事务，向社区（村）市民服务中心反映社情民意。社区（村）市民服务中心协助居（村）委会开展自治工作，接受居（村）委会的监督评议。社区（村）市民服务中心负责落实上级各项社区（村）公共服务，以满足居（村）民的社区服务需求为目的，实现政府治理和基层自治的相对分离、良性互动和有效衔接。

二、具体措施

（一）建立社区（村）市民服务中心，确保政府在社区（村）的管理服务到位。

1. 社区（村）市民服务中心按照“一社区（村）一中心”或“多社区（村）一中心”为主的模式设置，由街道办事处批准成立。中心设主任1

名，副主任1名，中心主任、副主任由街道办事处聘任。

2. 社区（村）市民服务中心工作人员配置总数按辖区常住人口数（含户籍人口和在册登记流动人员）来确定，配置数以2009年公安部门数据为基准，每3年调整一次，以调整前一年的常住人口数为依据。适度精简工作人员，提高工作效率，以达到减人增效的目的。

3. 社区（村）市民服务中心工作人员由街道公共事务服务中心统一聘用和调配。现居（村）委会编内人员，符合聘用条件可聘为社区（村）市民服务中心工作人员；社区（村）流动人员和出租屋综合管理服务站编内协管员纳入社区（村）市民服务中心管理；现届社区（村）党组织委员和居（村）委会委员（以下简称“两委”成员）的编外人员任期届满后继续当选的，符合聘用条件可聘为社区（村）市民服务中心工作人员，聘期三年，连任“两委”成员满三届的，可聘为固定工作人员（签订无固定期限劳动合同的员工，简称固定工作人员）并办理入编手续，2010年6月后新任“两委”成员不再办理入编手续；今后，非社区（村）市民服务中心工作人员任社区（村）党组织委员，符合聘用条件任期内可聘用为市民服务中心工作人员，连聘两次后、学历达到大专或以上且距法定退休年龄5年或以上的，可聘为固定工作人员。社区（村）市民服务中心工作人员的管理和薪酬待遇按照《容桂街道公共事务服务中心聘用人员管理试行办法》和《容桂街道公共事务服务中心聘用人员薪金标准及相关问题的实施意见》执行。今后，除从当选的党组织委员中聘用外，社区（村）市民服务中心新招录的工作人员必须经过公开招考。中心工作人员由街道各办、局（分局）等业务部门根据实际进行系统培训。

4. 社区（村）市民服务中心实行矩阵式管理，在社区（村）党组织的领导下对工作人员实行双重考核。中心工作人员既接受社区（村）市民服务中心的领导和考核，也同时接受街道有关职能部门的业务管理和考核，并接受所在社区（村）市民的评议，实现资源共享和优化组合。

5. 社区（村）市民服务中心设立专账，独立核算，由街道结算中心统一管理，社区（村）市民服务中心的办公经费纳入街道财政预算。社区（村）市民服务中心成立后，现街道办事处下拨给居（村）委会的办公经费自动转入所在社区（村）市民服务中心，今后街道办事处对居（村）委会给予适当的经费补助。鼓励热心居（村）民代表参与社区（村）管理，协助社区（村）市民服务中心开展行政事务和社区事务。

6．为优化社区（村）市民服务中心工作人员队伍，确保改革工作平稳过渡，街道办事处对现居（村）委会的编内人员退出机制制定配套政策，具体方案由街道组织工作办公室制定。

（二）建立协同治理机制，实现政府行政管理和社区（村）自治的良性互动。

1．现届“两委”成员任期内福利待遇不变。2010年社区（村）党组织换届和2011年居（村）委会换届后，街道办事处对居（村）“两委”成员实行职务补贴制度，职务补贴方案由街道组织工作办公室制定。居（村）委成员薪酬由居（村）委会支付，薪酬指引由街道社会工作局拟定，具体方案由居（村）民代表会议表决通过。居（村）“两委”成员被聘为社区（村）市民服务中心工作人员的，按相关合同和街道公共事务服务中心有关规定进行管理，在享受街道公共事务服务中心聘员待遇的基础上另每月享受街道办事处发放的职务补贴，不能再享受居（村）委员会的薪酬待遇。

2．严格按照有关法律法规，加强对居（村）委会工作和居（村）集体经济组织的指导、支持和监督，扩大基层群众自治范围，充分发挥基层自治组织功能。居（村）“两委”成员因工作分工问题存在分歧的，应协商解决，协商不成的，除法律另有规定外，由居（村）民代表大会表决决定。

3．创新基层党建新模式，吸收社会上热心居（村）事务的优秀分子进入社区（村）党组织班子，成为社区（村）党组织非专职委员，使社区（村）党组织的决策集中民智，更能发挥党组织在基层工作中的领导核心作用。设立社区（村）党组织非专职委员的具体方案由街道组织工作办公室制定。

4．发展非政府组织（NGO），将部分服务工作交由非政府组织运作，政府给予一定补助。探索政府向NGO和社工组织购买服务的多元化途径。除了建立服务全街道的NGO外，尤其鼓励和支持居（村）福利会发展现代社工服务，街道慈善会对发展社工服务的居（村）福利会给予配套资金支持。试点阶段，社工重点在社区（村）的低保优抚、居家养老、家庭调解、青少年辅导等领域提供专业服务，聘请专业督导员跟踪指导，街道社会工作局负责监督，逐步完善社工的培训、考评和薪酬制度。

5、强化和支持社区（村）开展自我服务。发展义工组织，推广老人“平安钟”服务；探索推行社区服务时分卡制度；鼓励市民参与社区（村）管理和服务。

三、本办法自发布之日起试行。党工委、办事处其他有关文件与本办法有抵触的，以本办法为准。

《容桂街道推进社会工作发展实施办法（试行）》

为贯彻落实《佛山市顺德区容桂街道“简政强镇”事权改革试点方案》（顺发[2009]18号），进一步推进我街道社会工作事业的发展，结合容桂实际，特制定本实施办法

一、指导思想

以邓小平理论和“三个代表”重要思想为指导，贯彻落实党的十七大和《中共中央关于构建社会主义和谐社会若干重大问题的决定》精神，按照《佛山市顺德区容桂街道“简政强镇”事权改革试点方案》的要求，切实把加强社会工作人才队伍建设，推进社会工作发展作为一项全局性的战略任务，初步建立具有容桂特色的社会工作发展体系，促进和谐容桂建设。

二、基本原则

容桂社会工作坚持科学发展观和党管人才的原则，创新务实，分步推进。具体原则如下：

（一）坚持中国共产党的领导；

（二）坚持社会工作专业化和职业化；

（三）政府引导，社会参与，民间运作，项目化服务；

（四）分步实施，稳步推进。

三、组织架构

成立街道促进社会工作发展领导小组。

领导小组负责研究部署社会工作发展任务，审批发展项目，协调解决重大问题；各成员单位要进一步提高对社会工作重要性的认识，增强责任

感和紧迫感，切实把推动社会工作纳入重要议事日程。

领导小组下设办公室（下称“领导小组办公室”），负责统筹街道社会工作的发展，包括发展规划、政策和规章制度的制订、宣传推动、联络协调、组织培育及服务购买等，向领导小组报告社会工作发展情况，在特别需要的情况下提议召开领导小组会议，并执行领导小组交办的具体事务。办公地点设在街道社会工作局，主任由社会工作局局长担任。

成立容桂街道社工协会，负责协调街道社会工作者的注册登记、年审，社工权益保护、培训交流、行业监管和服务评估等，并协助领导小组办公室开展相关具体工作。协会设专职秘书长1人及专职干事1—2人；经费来源包括社工注册费、个人会员及单位会员的会费、社会资金以及政府补贴。

四、工作目标

（一）近期目标（2010—2012年）

用2—3年时间达成以下目标：

1. 根据容桂实际，探索建立容桂街道社会工作发展模式；

2. 初步建立一套社会工作管理体系和制度规范；

3. 建立一支专业社会工作人才队伍，在社会管理和社会服务领域发挥作用。社工服务覆盖70%社区（村）；

4. 通过宣传和服务，让公众知晓并且参与和支持社会工作服务。

（二）中期目标（2013－2016年）

用3—5年时间达成以下目标：

1. 建立基本的管理体系和制度规范；

2. 社工服务覆盖90%社区（村）；

3. 半数居民知晓社会工作，公众参与和支持社会服务的意愿比较强。

（三）长远目标（2017—2020年）

用10年左右的时间达成以下目标：

1. 建立完善的管理体系和制度规范，社会工作有序发展；

2. 社工服务覆盖所有社区（村），为街道有需要的人群提供高质量的专业服务，提高居民生活质量，预防和解决社会问题，促进社会和谐；

3. 公众了解、认同并且积极参与和支持社工服务。

五、社工服务专业化措施

为了保障服务质量，需要通过专业的社工机构，由专业社会工作者提供服务，同时，由作为独立第三方的专业评估机构对社会工作服务进行评估。社会工作的专业化体现在以下四个方面：

（一）专业社工机构提供服务

社工机构是专门提供社会工作服务的民办非盈利单位。社工机构负责招聘、培训和管理社工，为政府及社会提供专业服务。政府培育及扶持民间社工机构，为机构发展营造良好环境，提供场地和税收等方面的支持。同时委托独立第三方定期对社工机构进行财务审计及管理和服务等方面的评估。

（二）专业社会工作者开展服务

为了保证社会工作的专业化和职业化，需要设置社工准入条件，并建立社会工作者职业登记制度。社工机构要与社工签订劳动合同，并按照相关法规招聘和管理社工。为了吸引留住社工人才，相关部门需参照其他专业技术人员的工资待遇来确定社工的薪酬标准；同时，建立社工职业评价体系，为社工提供职业发展空间。

（三）专业督导对社工辅导

督导是社会工作服务的重要组成部分，社工机构需要聘请专业督导，对社工进行业务指导、心理辅导和情绪支持。

（四）第三方专业机构进行评估

为了保证社会工作规范化和专业化，促进社工机构的良性竞争，聘请独立第三方专业机构，对社工机构及社工服务进行年度评估，并将评估结果作为服务采购的重要依据。

六、社工服务项目化管理

（一）服务领域

以分步推进的方式推动社会工作在以下领域的服务：1. 社会福利与救助；2. 社区建设及社区服务；3. 老年人服务；4. 青少年服务；5. 残障康复服务；6. 婚姻家庭服务；7. 外来务工人员服务；8. 禁毒；9. 司法矫正和安置帮教；10. 医疗卫生（医务社会工作）；11. 企业社会工作；12. 其他相关领域。

（二）服务项目

服务项目通过三种方式产生：一是社会机构自行设计项目，建议政府部门、社区（村）福利会或其他社会公益组织立项。政府部门、社区（村）福利会或其他社会公益组织根据项目的可行性，向领导小组办公室申请立项；二是政府部门、社（村）福利会或其他社会公益组织直接向领导小组办公室申请立项；三是如果由企业或组织自行购买，社工机构向企业或组织提出并洽谈，政府不介入。在推进社工发展前期，优先发展以下服务项目：

1. 社区（村）服务项目

该项目根据社区（村）社情民意需求，由社区（村）福利会提出项目申请，开展相关领域的服务，包括：老年人服务、残疾人服务、低保对象服务、婚姻家庭服务及外来务工人员服务等。

2. 社区青少年服务项目

该项目立于社区，立于学校，以社区和学校作为服务的最前线，结合青少年所在社区和学校的实际情况，整合社区、学校的各种资源，提供驻校社工服务、社区青少年综合服务。

3. 社区矫正服务项目

该项目对缓刑、假释和保外就医等五类人员进行社区管理和服务，除了必要的监督管理工作以外，通过社会工作者进行专业服务，使其融入社区并在社区中得到改造。

4. 禁毒服务项目

该项目针对街道现有吸毒人员200多人，引入社会工作者专业服务，建立沟通联络机制，缓解吸毒人员情绪，协助预防复吸，真正健康生活，摆脱毒瘾。

（三）服务采购

政府或社会组织向在顺德注册成立的专业社工机构购买社工服务。政府或社会组织作为申请单位提出的服务项目，经领导小组办公室提出初审意见，推荐给街道促进社会工作发展领导小组审定，视项目的具体情况，确定政府支持经费。申请单位需提供场地及设施等方面的支持。

七、资金来源

社会工作是一项需要经济支持的福利事业。社会工作发展需要与政府职责、社会福利制度及社会慈善事业紧密联系。因此，社会工作的经济主要来源于以下四个方面：

1．公共财政拨款。一是用于购买政府职责范围的社会工作服务，购买经费纳入财政预算；二是用于补贴社会组织购买社工服务的费用。

2．慈善会专项资金。慈善会用以服务社区老年人、残疾人、低保对象等社会弱势人群的资金。

3．福利会及其他公益组织资金。福利会及其他公益组织（如青少年成长促进会）用其募集到的资金向专业社工机构购买服务。政府根据福利会及公益组织的资金状况进行补贴。

4．其他社会捐助。政府鼓励企业及个人专项资助社工机构及特定的社会服务项目。

八、本实施办法自发布之日起施行。党工委、办事处其他有关文件与本办法有抵触的，以本办法为准。

《容桂街道社会工作服务项目管理办法（试行）》

第一条　为保证容桂社会工作服务的顺利开展，提高服务效率，真正服务有需求的群体。根据《容桂街道推进社会工作发展实施办法（试行）》，制定本办法。

第二条　本办法适用我街道的社会工作服务项目。

第三条　受理项目申请主体单位为容桂街道促进社会工作发展领导小组办公室（以下简称“领导小组办公室”）。

第四条　申请社会工作服务项目的主体单位：

（一）政府部门；

（二）社区（村）福利会或其他社会公益组织。

第五条　申请社会工作服务项目，应具备下列条件：

（一）领导重视，了解认同社会工作；

（二）以需求定服务，能发挥社会工作的优势；

（三）目标明确，保证工作成效；

（四）基础较好，责任到人；

（五）经费落实，专款专用。

第六条　社会工作服务项目的申请程序：

（一）填报申请书

申请主体单位可到领导小组办公室领取《项目申请书》，按要求填写，经项目负责人审批后，加盖申请单位公章。

（二）选择专业社工机构

申请单位应选择在顺德区注册成立的专业社工机构实施项目。所选择的社工机构应具有相当的专业、经济实力、良好的信誉、完善的管理。选择方式主要有以下两类：

1. 对于由社工机构设计的项目，项目申请单位同意向该机构购买的，可采取意向性谈判的方式招标确定社工机构；

2．对于由申请单位提出的项目，需报领导小组办公室审批。审批立项后，由领导小组办公室将项目向社会公布，以招投标的方式确定社工机构。社会工作服务项目工作推进前期，可采取竞争性谈判方式选择社工机构。由购买服务的相关方，如政府部门、福利会、公益组织及领导小组办公室和其他相关部门，共同组成评审小组，分别与参与竞标的社工机构进行洽谈，对机构进行评分，选择相对优秀或合适的社工机构。条件成熟以后，逐步建立完善招投标机制，按照政府采购的方式进行招投标。确定购买关系后，申请单位应与选定社工机构签订《项目服务合同》。

（三）编写社工服务项目策划书

立项前，申请单位必须与专业社工机构共同完成《社工服务项目策划书》。策划书应包括下列内容：

1．拟定服务项目目前的基本情况（包括工作的现状、存在问题、需求评估等）；

2．拟定服务项目的目标计划（包括实施的内容、目标、执行计划等）；

3．经费情况（包括经费筹措、经费落实、经费安排）；

4．组织机构（包括领导小组、实施小组）及人员配备；

5．项目风险（专业、管理、经费）及规避措施；

6．预期的社会效益；

7．拟选社工机构的情况（包括相关工作的业绩、成功案例、专业水平、人员结构、实施本项目所配备的专业人员、承担的主要内容）。

（四）落实项目经费

申请单位应明确项目总投资额以及需政府资助的金额。

（五）申请立项

申请单位申请立项时，应提供《项目申请书》、《社工服务项目策划书》各一式四份，报送领导小组办公室。

第七条　项目评审程序：

（一）立项评估

领导小组办公室收到申请单位的项目申请书后，进行初步审查，对符合条件的，组织评审小组考察。考察内容包括：

1. 进一步了解拟定项目的详细情况；

2. 确认项目内容的可行性、实施条件的成熟性、服务需求的紧迫性、必要性，组织申请单位和专业社工机构有关负责人与评审小组商讨项目的具体情况。

考察后，领导小组办公室提出初审意见，推荐给街道社工发展领导小组（以下简称“社工发展领导小组”）审定。

（二）立项确认

项目经街道社工发展领导小组审定后确认立项。项目立项后，领导小组办公室与申请单位签订《社会工作项目任务书》（以下简称“任务书”）。街道社工发展领导小组视项目的具体情况确定资助经费，并由领导小组办公室向申请单位下拨该项经费。首期拨款将根据申请单位与社工机构签订《项目服务合同》的项目费用首期支付比例确定。

1. 领导小组办公室的职责：

（1）按任务书规定向申请单位划拨项目专项经费；

（2）定期监督检查任务书的执行情况；

（3）审核项目专项经费使用情况；

（4）协调解决任务书执行中的重大问题；

（5）组织对任务书内容的验收。

2. 项目申请单位的职责：

（1）日常监督检查任务书执行情况；

（2）审核项目专项经费使用情况；

（3）协调解决任务书执行中的重大问题；

（4）参与对任务书内容的验收；

（5）选择社工机构，签订《项目服务合同》，并报领导小组办公室备案；

（6）为社工机构提供业务原始资料和必要的办公场地支持。

第八条　建立检查监督制度。领导小组办公室、项目申请单位对项目的实施情况进行定期或不定期的检查。检查内容以任务书为依据，包括项目的进度、完成内容、存在问题、解决措施、社工机构合同执行情况等。

第九条　项目执行期间，任务书内容及专业社工机构原则上不能变更，若确需变更，申请单位应及时与领导小组办公室协调，会同专业社工机构，共同协商处理。

第十条　专业社工机构在项目实施过程中，不得弄虚作假，否则，如数退还项目费用，并承担相应的法律责任。

第十一条　因不可抗力或其他特殊原因，不能执行任务书内容的，专业社工机构应及时书面报告领导小组办公室和项目申请单位。领导小组办公室组织评审小组进行核实，情况属实的，征得项目申请单位同意，经容桂街道社工发展领导小组批准，可以撤项。

第十二条　专业社工机构由于执行不力，致使任务书内容无法完成的，领导小组办公室与项目申请单位有权解除任务书。专业社工机构必须退还领导小组办公室与项目申请单位拨付的全部或部分项目专项经费。

第十二条　专业社工机构按任务书要求完成项目目标后，应向领导小组办公室和项目申请单位提出验收申请，并提交完整的验收资料。验收资料包括项目工作总结报告、服务总结报告、服务成效分析报告等。

第十三条　评审小组或独立第三方的专业评估机构审查项目验收资料后，呈报街道社工发展领导小组并组织项目验收。项目验收后，领导小组办公室提出书面意见，报街道社工发展领导小组备案。

第十四条　项目通过验收后，领导小组办公室拨付余下的专项经费给申请单位。

第十五条　本办法由领导小组办公室负责解释。

第十六条　本办法自公布之日试行

《容桂街道公共决策和事务咨询委员会暂行规定》

为畅通和拓宽民意表达渠道，加强决策咨询工作，实现决策的科学化、民主化，根据区委印发的《佛山市顺德区容桂街道“简政强镇”试点工作方案》精神，街道党工委、办事处决定成立公共决策和事务咨询委员会（以下简称咨询委员会），并制定本暂行规定。

一、咨询委员会的职能

1. 咨询委员会通过组织参观调研、参加讨论会、举办论坛等方式，定期和不定期为党工委、办事处收集民意，适时提出相关的意见和建议，提供事前咨询以辅助决策，为决策科学化和民主化服务。

2. 负责开展有关本地区经济社会发展战略、城市和产业规划等问题的决策咨询研究，为街道办事处各项工作提供咨询意见与建议。

3. 负责对本地区经济建设、社会发展、民生福利等问题进行动态分析，对涉及全局的重大政策出台和较大的建设项目进行调查研究和论证，并对决策的实施进行跟踪调查研究，提出相应的改进对策。

4. 组织、协调委员，围绕本地区的经济建设、社会发展等中心工作开展决策咨询研究活动；收集、整理有关信息，转达工商企业和社会各界人士有代表性、建设性的意见和建议，供街道党工委、办事处和有关部门决策参考。

二、咨询委员会的组成及机构

1. 咨询委员会委员由容桂地区的党代表、人大代表、政协委员、居（村）代表、新闻记者以及社会各界人士中有代表性的人物组成，由街道党工委、办事处统一聘任，成员人数控制在40人以内。街道办事处提供必要的经费和场所，保障咨询委员会活动的正常进行。

2. 咨询委员会设人数5—7人的主任委员会，主任委员会设主任委员1名、副主任委员2—3名。主任委员会由咨询委员会全体成员民主选举产生，主任或副主任由党工委、办事处直接从主任委员会成员中聘任。主任委员会是咨询委员会的决策和协调机构，负责统筹咨询委员会的各项工作。

3. 委员会办公室设在党工委（办事处）办公室，主要负责协助主任委员召集和组织开展公共决策和事务咨询活动。办公室主任由党工委（办事处）办公室主任兼任。

4. 咨询委员会可根据日常调研工作需要，分别成立若干调研小组，包括经济发展类、城市建设类、社会管理类、民生福利类、公共服务类等小组。

三、咨询委员会的成员

1. 咨询委员会成员必须具备较强的参政议政能力，关心社情民意，热心社会事务，有为容桂经济社会发展作贡献的热心，能够参加咨询委员会各项活动。

2. 咨询委员会的成员实行聘任制，聘期二年，统一颁发“容桂街道公共决策和事务咨询委员会委员”的聘书，聘任期满或经聘任双方协商终止聘任关系的，即自动解除与办事处的聘任关系。委员原则上可以连续聘任，但每届新聘任的委员不少于25%。

3. 咨询委员会成员可直接向党工委、办事处反映社情民意或提出意见建议，有权了解办事处和各部门除保密事项外的工作部署和进展情况，可到各部门查询委员会研讨议题所涉及的相关资料和档案。街道办事处给予委员会委员每人每年一定数额的咨询津贴。

4. 咨询委员会成员必须经常关心容桂的经济和社会发展情况，对街道的公共决策、年度财政预算、重大财政资金使用和项目建设等与社会民生密切相关的事项提出意见，表达各方的利益诉求，充分发挥咨询、监督和辅助决策的重要作用。

5. 咨询委员会成员无正当理由累计三次不参加委员会组织的咨询活动

的，自动终止其委员资格和与办事处的聘任关系。

四、咨询委员会议事程序

1．咨询委员会原则上每半年至少召开1次会议，也可根据情况临时召开专题会议。会议由咨询委员会主任委员会召集，参加人数不少于全体成员的2／3；委员会会议按各抒己见、民主协商的原则议事，不搞集中表决；会议结果由咨询委员会办公室整理后供街道党工委、办事处参考，既要反映委员们集体有共识的意见，也要尽可能反映个别委员的独特意见。

2．对街道办事处以及各部门日常行政和管理事务的咨询，委员会办公室可以通过书面形式，随时咨询委员的意见，委员也可以随时反映对街道工作的意见和建议。

3．咨询委员会召开专题会议进行专项研讨，可通知相关主管领导或相关部门派人到会听取意见或回答询问；接到通知的部门和领导应当到会接受询问。

五、本暂行规定由街道党工委（办事处）办公室负责解释。

《容桂街道公共事务服务中心聘用人员管理》试行办法

第一章　总则

第一条　为提高街道办事处（下称“办事处”）工作效能，规范办事处聘用人员（下称“聘员”）的管理，保障办事处及其聘员的合法权益，根据《中华人民共和国劳动法》等有关法律、法规的规定，结合容桂实际，制定本办法。

第二条　本办法所称聘员，是指街道公共事务服务中心根据街道财力和工作需要以合同形式聘用，不列入区行政编制序列管理，承担街道公共事务管理和服务工作的人员。

聘员不具备履行公务员职责的权力。

第三条　聘员坚持按岗聘用、精简效能、分类管理的用人原则。

第二章　分类与基本条件

第四条　街道公共事务服务中心聘员分为一类聘员、二类聘员、三类聘员、四类聘员、五类聘员、六类聘员和七类聘员。

一类聘员是指街道公共事务服务中心为满足管理和服务的特定需要而聘用从事行政管理工作、专业技术工作的高级管理人才、高级专业技术人才。一类聘员设置“高级主任、主任、副主任（技术主管）”三个职务层次，职务名称分别与办事处内设机构、直属机构和区市场安全监管局容桂分局、区环境运输和城市管理局容桂分局（下称“办事处工作机构”）的正职、常务副职、副职相对应。

二类聘员是指街道公共事务服务中心聘用具有本科以上学历或中级以上职称的行政人员、专业技术人员。二类聘员设置正组长、副组长两个职务层次，职务名称分别与办事处工作机构的股（室）正副职相对应。

三类聘员是指街道公共事务服务中心聘用的社区市民服务中心正副职或业务主管。

四类聘员是指街道公共事务服务中心为完成内部辅助性、服务性工作而聘用具有全日制大专以上学历的人员。初次聘用人员必须35周岁以下。

五类聘员也称专项聘员，是指从事交通管理、治安联防、城市秩序管理、消防、流动人员和出租屋综合管理等辅助执法的人员。初次聘用人员必须35周岁以下，大专以上学历（退伍军人的学历可放宽至高中或中专）。

六类聘员是指从事技术性后勤保障工作的人员。初次聘用人员必须40周岁以下，高中以上学历，并持有相应专业技术职称或证书。

七类聘员是指从事内勤或一般性后勤服务工作的人员。初次聘用内勤人员必须35周岁以下，大专以上学历；初次聘用后勤服务人员必须40周岁以下，高中（中专）以上学历。

专业技术资格的认定按照国家有关规定进行。

第五条　聘员必须具备下列基本条件：

（一）遵守中华人民共和国宪法、法律、法规；

（二）愿意履行聘员义务；

（三）身体健康；

（四）符合聘用岗位规定的其他资格条件。

第三章　聘用程序

第六条　聘用街道公共事务服务中心聘员要遵循公开平等、竞争择优的原则实行公开招聘。

第七条　聘用街道公共事务服务中心一类聘员至三类聘员程序。

根据实际需要及职数限额，以公开选拔、竞争上岗、民主推荐等形式择优选拔一类聘员至三类聘员各职务层次人员。相关程序参照上级有关规定进行。人选产生后，经组织考察，由街道党工委、办事处研究确定聘用人选，按照干部管理权限办理相关的聘用手续，并填写《容桂街道公共事务服务中心一类至三类聘员职务审批表》一式两份。

第八条　聘用街道公共事务服务中心四类聘员、五类聘员程序。

根据实际需要，拟定具体招聘方案，包括岗位设置、聘员类别、聘用人数、聘员的资格条件、薪金等。参照相关招录程序面向社会公开招聘，因工作需要不宜公开招聘的岗位或专业特殊难以形成竞争的岗位，可通过个别选考的方式聘用。经笔试、面试、体检和考核合格后择优录用。

第九条　聘用街道公共事务服务中心六类聘员、七类聘员程序。

根据实际需要，拟定具体招聘方案，包括岗位设置、聘用人数、聘员的资格条件、薪金等。参照相关招录程序面向社会公开招聘。经考试和体检合格后择优录用。

第十条　由五类聘员、六类聘员或七类聘员转聘为四类聘员的，需要经过考试方式择优录用。

第四章　劳动合同与管理

第十一条　街道公共事务服务中心与聘员按照平等自愿、协商一致的原则签订劳动合同，劳动合同需具备合同期限，职位及其职责要求，薪金、福利、保险待遇，违约责任等条款。

第十二条　劳动合同的履行、变更、解除或者终止，依照《中华人民共和国劳动合同法》等法律、法规的规定及劳动合同的约定执行。

第十三条　劳动合同的期限根据聘员的岗位任务确定，首次聘用合同期限为1—3年。

首次聘用的人员，可以规定试用期。试用期按《中华人民共和国劳动合同法》的有关规定执行。聘用期内，街道公共事务服务中心可以根据其表现或工作需要进行轮岗或职务调整。

临时性工作，可按课题、项目或工作需要签订短期合同，试用期相应缩短或不作约定。

第十四条　劳动合同期满或法定的合同终止条件出现，合同即行终止。

聘员的劳动合同期满后，双方愿意续聘的，可依法续签订合同。解除或终止聘用关系的聘员，街道公共事务服务中心不负责安排工作。

第十五条　聘员有下列情形之一的，街道公共事务服务中心可以单方解除聘用合同：

（一）连续旷工超过10天或者1年内累计旷工超过20天的；

（二）因违反纪律或操作规程发生责任事故，或因失职、渎职、营私舞弊造成严重后果的；

（三）试用不合格的；

（四）连续两年绩效考核不合格的；

（五）因机构编制发生变动，致使合同无法履行的；

（六）法律、法规、规章规定的其他情形的。

第十六条　聘员与街道公共事务服务中心发生劳动争议的，双方协商解决。协商不成的，当事人双方应按《中华人民共和国劳动争议调解仲裁法》等法律、法规的规定解决。

第五章　薪金福利与社会保障

第十七条　建立聘员薪金的正常增长机制。聘员的薪金标准主要根据工作职责、工作能力、受聘岗位所需人才的社会薪金平均水平等因素制定。

对聘用有工作经历且具特殊技能或单位紧缺的并在本学术界或本专业领域有一定知名度和影响力的聘员，街道公共事务服务中心与其协商确定起点薪金标准，由办事处批准后执行，并送街道党工委组织工作办备案。

第十八条　聘员休假、病假、事假按照有关劳动法规执行。

第十九条　聘员应依法缴纳税金。

第二十条　公共事务服务中心和聘员应依法参加社会保险，缴纳社会保险费。

第二十一条　聘员达到法定退休年龄，办理退休手续，享受社会保障部门发放的退休待遇。

第二十二条　聘员按合同约定享受相应的薪金福利待遇。

第六章　考核与奖惩

第二十三条　街道公共事务服务中心应按照客观公正、注重实绩的原则，以劳动合同为依据，加强对聘员的绩效考核。

第二十四条　绩效考核结果分为优秀、良好、合格、不合格4个等次。考核结果作为续聘、奖惩或职务升降的参考依据。

第七章　其他

第二十五条　如果有编制职数空缺，办事处可根据实际情况，设置部分中层领导岗位，让聘员竞聘或直接从符合条件的聘员中选聘为聘任制公务员，并按照聘任制公务员有关规定进行管理。

第二十六条　聘员在聘用期内不得从事或参与其他营利性活动。其人事档案可委托区人力资源部门所属的人才服务机构管理。

第八章　附则

第二十七条　本办法由街道党工委组织工作办公室负责解释。

第二十八条　本办法自发布之日起试行。办事处其他有关文件与本办法有抵触的，以本办法为准；本办法执行过程中，如遇上级政策调整或出台新的相关法规，以上级政策或法规为准。

《容桂街道公共服务质量督查制度》

为贯彻落实区委、区政府《关于推动政府创新建设服务型政府的若干意见》（顺发[2008]7号）文件精神，拟通过明查暗访的形式，对各单位公共服务质量进行真实评估，发现问题及时整改，全面加强作风建设，提升政府管理效能和服务水平，树立干部“排头兵”形象，营造风清气正、公平公正的政务环境，特制订本督查制度。

一、督查形式及组织领导

街道公共服务质量督查制度由街道纪工委（监察审计办）和特约监察员以明查暗访的形式组织实施。一是以窗口现场电子监控设备为载体进行明查监督；二是通过来信来访、意见征询箱、网络投诉等进行监督；三是以现场体验、跟踪观察、走访群众、暗访录像方式，长年不定期组织进行。

二、明查暗访范围及内容

（一）明查暗访范围：街道各办、局（分局）。

（二）明查暗访内容：围绕工作人员服务态度、办事效率、工作纪律、服务质量、执法形象等，重点查访四个方面内容：

1．“四条禁令”的执行情况。“四条禁令”是指：一是严禁擅离岗位、擅离职守；二是严禁上班时间网上聊天、炒股、玩电脑游戏；三是严禁工作日早午餐饮酒（接待市外宾除外）；四是严禁在办事、办证中接受当事人宴请和礼品、礼金。

2．工作人员依法行政情况。是否存在违反有关规定乱检查、乱收费、乱罚款、乱摊派、乱执法以及执行公务粗暴等其他侵害管理和服务相对人合法利益的情况。

3．行政服务情况。是否存在服务态度差、服务质量不高、故意拖沓、推诿扯皮、不按程序办事的问题。在便民、利民服务措施方面是否存在不完善、不落实的情况。

4．精简会议文件、改进作风情况，工作人员遵守工作纪律和文明礼仪意见的情况。

三、结果应用

（一）问题曝光。明查及暗访内容原则上由内部掌握，不对外播放。根据工作需要和领导要求，可适时在责任单位内部播放。

（二）责任追究。对明查暗访中发现存在问题的单位和个人，按照《顺德区行政过错责任追究暂行办法》予以追究责任。情节严重、构成违纪的，给予党纪政纪处分。

（三）考评挂钩。由街道纪工委（监察审计办）对明查暗访中发现的问题进行汇总整理报街道党工委，直接和单位评先、评优及干部使用挂钩，并按照考评方案的规定，综合评定各单位公共服务质量督查得分。

四、整改提高

（一）制订落实措施阶段。被曝光单位应认真查找发生问题的根源，制定标本兼治、操作性较强的整改措施并落实到位。

（二）回访验收阶段。对有关单位完成整改后，由街道纪工委（监察审计办）牵头，组织相关人员进行验收检查，巩固整改成果。

《容桂街道办事处特约监察员工作办法》

第一章　总则

第一条　为建立健全纪检监察工作与群众监督相结合的监察机制，加强街道纪检监察工作，促进国家行政机关廉洁勤政，参照《中华人民共和国行政监察法》及其实施条例，以及上级纪检监察机关有关规定，结合我街道实际，制定本办法。

第二条　特约监察员制度是街道办事处联系和依靠人民群众、对国家行政机关及其工作人员和由国家行政机关任命的其他人员实施监督的重要工作制度。

第三条　对特约监察员的日常组织管理由街道办事处监察审计办公室（街道纪工委）负责。

第二章　特约监察员的聘任和解聘

第四条　特约监察员的条件

（一）坚持四项基本原则，坚持改革开放，热爱社会主义事业；

（二）热心监察工作，具有一定的政策水平、法律知识和与监察工作相关的专业知识，以及较丰富的工作经验，具有较强的参政议政能力、民主监督能力；

（三）遵纪守法，作风正派，深入实际，联系群众，办事公道，敢说真话；

（四）身体健康，年龄60周岁以下。

第五条　特约监察员由街道办事处监察审计办公室根据工作需要，经与有关部门或单位协商并征得本人同意后确定人选，报街道办事处审批，以街道办事处名义聘任，以适当方式向社会公布。

第六条　每届特约监察员任期为5年，一般与政府任期同步。特约监察员累计任期最多不超过两届。

根据工作需要和本人情况，特约监察员可以续聘，也可以提前解聘或辞聘。

第七条　特约监察员符合下列条件之一的，可以解聘或辞聘：

（一）特约监察员违反法律法规和党纪政纪，受到法律或纪律处分的；

（二）无故或连续1年不参加街道办事处特约监察员工作，不履行特约监察员职责的；

（三）特约监察员因本职工作需要或健康状况不能兼顾特约监察工作，主动提出不再担任特约监察员的；

（四）其他原因不宜继续担任特约监察员的。

特约监察员可以在届中、也可以在届满时提出辞聘要求，街道办事处监察审计办公室应充分尊重特约监察员的选择，及时为其办理终止聘任手续。

第三章　特约监察员的职责、权利和义务

第八条　特约监察员持街道办事处制发的《特约监察员工作证》开展监察工作。

第九条　特约监察员的主要职责：

（一）对行政机关廉政勤政建设、转变机关工作作风等方面提出意见和建议。

（二）了解并反映国家行政机关及其工作人员和国家行政机关任命的其他人员党风廉政建设责任制落实情况。

（三）参与对国家行政机关及其工作人员和国家行政机关任命的其他人员执行国家法律、法规、规章、政策和决定、命令的情况，反腐败专项工作开展情况、依法行政情况和围绕党委、政府中心工作开展的监督检查。主要是协助纪检监察机关开展执法监察、效能监察、廉政监察，以及信访和案件调查等工作。各特约监察员每年最少要参加2次以上的监督检查活动。

（四）反映、转递人民群众对国家行政机关及其工作人员和国家行政机关任命的其他人员违法违纪行为的检举、控告和申诉。

（五）反映人民群众对街道办事处及其下属各职能部门党风廉政建设和执法执纪情况的意见和要求。特约监察员转递人民群众的意见、要求每年不少于2条。

（六）开展调查研究。向街道办事处及其下属各职能部门提出加强党风廉政建设和改进工作的意见和建议，对街道办事处及其下属各职能部门的工作及其有关规章制度提出意见和建议。

（七）对国家行政机关及其工作人员和国家行政机关任命的其他人员有离岗脱岗、服务态度差、聊天、从事与工作无关活动等违规行为，进行现场纠正。

（八）办理街道办事处委托的其他监察事项。

第十条　特约监察员享有下列权利：

（一）根据工作需要查阅有关文件和资料；

（二）参加或列席有关工作会议；

（三）了解所反映和转递的检举、控告和申诉的办理情况；

（四）参加监察理论、业务知识学习和教育培训；

（五）获得履行职责所必须的工作条件。

第十一条　对拒绝、干扰、阻碍特约监察员执行纪检监察任务和损害其合法权益的行为及对其打击报复的，由街道纪工委（监察审计办公室）依照有关规定予以处理；构成犯罪的，移送司法机关追究刑事责任。

第十二条　特约监察员应当履行下列义务：

（一）维护公共利益，同违法违纪行为作斗争；

（二）遵纪守法，廉洁奉公；

（三）遵守工作制度，保守国家秘密；

（四）注重调查研究，实事求是，依法办事。

第四章　监察机关的职责

第十三条　街道办事处监察审计办公室负责对街道办事处聘任的特约

监察员的日常管理、组织协调、业务联络、任务安排和学习培训等工作，并落实专人负责。

第十四条　要根据本地区社会经济发展新形势的需要，不断加强和改进特约监察员工作，及时建立健全特约监察员各项工作制度。

第十五条　采取不定期召开特约监察员座谈会、研讨会等形式，交流情况，探讨问题。

第十六条　应根据需要组织特约监察员参加有关工作和活动，及时向特约监察员提供有关工作信息和有关纪检监察工作的书刊、资料。

第十七条　应经常保持与特约监察员的联系，对其反映、转递的检举、控告和申诉，要做好登记、转办和反馈等工作，对其提供的信息，要及时综合上报有关领导机关或领导同志。

第十八条　要加强与特约监察员所在部门和单位的联系，及时通报情况，听取他们对工作的意见，取得他们对特约监察员工作的支持。

第十九条　每年向街道办事处报告特约监察员工作情况，对特约监察员工作进行评定，对忠于职守、成绩突出、勇于同违法违纪行为作斗争的特约监察员，建议区政府予以表彰、奖励，或由其所在单位给予表彰、奖励。